筑摩選書

遠藤正敬
Endo Masataka

天皇と戸籍

「日本」を映す鏡

天皇と戸籍

目次

天皇と戸籍

「日本」を映す鏡

凡例

一、引用文における仮名遣いは原文のままとした。ただし、読みやすさを考慮して、旧字体の漢字は原則として新字体に改め、適宜、読点を打ち、現代仮名遣いで読み仮名を振った。

二、書名における旧字体の漢字はそのままとした。

三、年月の表記については、日本が太陽暦を採用した一八七三年一月一日（明治五年一二月三日）以前は、和暦に基づき、「和暦（西暦）年〇月〇日」とした。

四、歴代天皇の呼び方については、本書では第四〇代天武天皇を天皇号使用の初例とみなし、天武以前は「〇〇帝」とした。

序章

天皇家と戸籍へのまなざし

「血統」によって崇められる人々

日本人の平均寿命は、高齢化社会という抗いえぬ趨勢に引っ張られ、伸びる一方である。二〇一八年七月の厚生労働省発表によれば、日本人の平均寿命は男性が八一・〇九年、女性が八七・二六年であり、ともに過去最高である。ここ数年来、巷では「家系図づくり」がブームになっていると聞く。[1] 人生が長くなると老後への不安が高まる半面、来し方を懐かしむようになり、家や血縁に価値を見出そうとする意識もまた強まるのかもしれない。

とはいえ、現在を生きる者として大事なことは、祖先がいかなる身分や地位にあったか、または家柄や血筋がどのように続いているかといった過去の問題よりも、今の自分がいかに成功を収め、また安心した生活を送れるかという現実の問題であろう。

そのような一般国民とは異なり、「過去」との連続性および一体性をひたすら維持してきたことで、「現在」において類まれな存在感を放つ人々がいる。そう、天皇家である。

日本国民が天皇をみるまなざしは、いわゆるスターやアイドルに対するそれとは明らかに異質のものである。

今日も、天皇の〝ご尊顔〟を拝しようと遠近問わず皇居を訪れる人々がいる。

明仁天皇が二〇一六年八月八日の「お言葉」のなかで、まさかと思われた生前退位の意向を国民に示したことで、あらためて天皇制への関心を喚起したのは間違いない。退位日が二〇一九年四月三〇日に決まってから初めて迎えた天皇誕生日である一七年一二月二三日の一般参賀では、天皇誕生日としては平成以降最多の五万二三〇〇人の参賀者が訪れた。天皇としては最後となる一九年の新年一般参賀には、やはり平成で最多となる約一四万四八〇〇人が参賀した（いずれも宮内庁発表）。

そして二〇一九年五月一日、皇太子徳仁《なるひと》親王が即位した。その三日後の五月四日、皇居で新天皇の〝お披露目〟となる一般参賀が行われたが、新天皇をひと目拝もうと約一四万人が皇居に押しかけた。

時の総理大臣はもちろん、芸能界やスポーツ界の今を時めく大スターといえども、ここまでの〝集客力〟は望めないであろう。皇居にやってくる人々は、常人とは著しくかけ離れたオーラを天皇から感じ取っているとみるほかはない。だが、同じ〝人間〟の姿格好をしている天皇と庶民とで、何が一体、違うのか。それは、ひと言でいうならば「血筋」である。

天皇の権威は、「万世一系」の皇統という物語によって正統化され、かつ神聖化されてきた。しかも、それは男系主義、つまり男性皇族を父として生まれた皇族のみを皇位継承者とするという慣例によって存続してきたという。それが、一八八九年二月一一日に勅定《ちょくじょう》（天皇が定めること）された旧皇室典範によって、男系男子の皇族のみが「万世一系」を受け継ぐものとされ、その範囲はぐっと狭められた。

一九四七年五月三日に施行された現行皇室典範（一九四七年法律第三号）でも、その第一条で

「皇位は、皇統に属する男系の男子が、これを継承する」と規定され、男系男子の天皇のみを正統とする原理を継承している。したがって、皇位を継承しようとする者は、男系皇族の血統を引く男子であることが証明されなければならない。では、その血統はいかにして証明しうるのか？

公式の記録によれば、新天皇の徳仁天皇は、初代神武から数えて第一二六代目となる。その初代神武の祖先とされるのが、皇祖神たる天照大神《あまてらすおおみかみ》である。この天照から血統が一度も絶えることなく連綿と続いてきたという「万世一系」は、和銅五（七一二）年完成の『古事記』および養老四（七二〇）年完成の『日本書紀』にあらわれる高天原《たかまがはら》の神話に基点をもつものである。かかる「神代《かみよ》」の物語に由来する「万世一系」の科学的根拠とは何かという問題意識は、日本社会ではとうの昔に捨て去られたかのようである。

もっとも、そもそも「血統」なるものに科学的根拠を求めること自体が非合理であるというべきであろう。それというのも、「血統」は生物学的に根拠をもつ概念というよりも、観念的に成り立っている観念的な概念というべきものだからである。他国よりも「血統」を重んじているといわれる日本社会でも、養親と養子という非血縁関係は「親子」とされ、相続も認められる。つまり、擬制であるにもかかわらず、それを〝真実〟であるかのように粉飾しているのである。それこそが、まさに「血統」という概念なのである。

こうした非合理的な血統を〝真実〟として公示する文書が、戸籍にほかならない。

戸籍のない生活空間とは？

天皇と一般国民の間に、絶対に超えられない溝が横たわっていることについては誰しも否定しえないであろう。

一八八九年に公布された大日本帝国憲法（以下、「明治憲法」）の第一条で、「大日本帝国ハ万世一系ノ天皇之ヲ統治ス」と規定され、近代国家の根本法規たる憲法において、天皇は「神代」からの正統な統治者と位置づけられた。それとともに、第三条で「天皇ハ神聖ニシテ侵スヘカラス」存在とされ、天皇は絶対不可侵の「現人神《あらひとがみ》」として君臨することとなった。

かくして天皇と一般国民の関係は、「君臣」という絶対的な上下関係にあることが〝自然〟とされてきた。敗戦後、一九四六年元日に天皇は「人間宣言」を発することで自らの神格を否定し、この年に公布された新憲法によって「日本国および国民統合の象徴」であると、新たに規定された。だが、天皇の法的な位置づけがいかに変わろうと、その「君臣」関係が霧消したとは到底いえまい。

例えば、ほぼ強制的となっている天皇・皇族に対する「陛下」「殿下」等の敬称や、最上級の敬語の使用などは、それを義務づける法的根拠はない[2]にもかかわらず、〝当然〟の慣例とされている。しかも、国民においてそれは〝強制されている〟という意識すらないほどに定着している。

まさしくそれは、天皇家が〝雲上人〟であるという共同の感覚が日本社会に深く浸透していることを示している。そして、そのような天皇家の〝超庶民性〟を醸成してきたのが、戸籍なのではないか。

一体、この問いの意味は、何か。筆者はこれまで、世界に類例をみない戸籍という制度について、それがもつ国家的、社会的な役割と矛盾について研究してきた。そのなかで、強く関心を引かれたのが、天皇は戸籍をもたないという事実である。天皇のみならず、皇后も皇太子もその他の皇族も然《しか》りである。日本国家において天皇家は戸籍に記載されざる存在であるということの意味をいかに考えるべきか。

天皇家は戸籍法の適用外とされることによって、その家族生活の空間は、日本国家における、ある種の異法領域と化す。天皇家の家族法は皇室典範その他の皇室法が、一般国民のそれは民法が、それぞれつかさどることとなっている。それにより、両者の家族法がいかに非対称的なものとなるのであろうか。例えば、婚姻の手続きである。一般国民同士が結婚する場合、憲法第二四条により、婚姻は当事者の合意のみに基づくというのが原則である。その手続きとしては、戸籍法に基づき、夫婦共通の氏を決めて婚姻届を提出し、それが受理されれば婚姻成立となる。

これに対し、皇族の結婚はそうした戸籍法の規定にはとらわれない。それ以前に、個人の自由意思による結婚は不可能である。

そのことを市井の人々に強く意識させたのが、秋篠宮眞子《あきしののみやまこ》内親王と小室圭さんという、皇族女子と一般国民男子の結婚問題である。二人は二〇一七年九月に婚約内定を公表し、一八年三月に

「納采《のうさい》の儀」（結納）を行う予定となっていた。ところが、この年の二月になって、宮内庁は突如、「納采の儀」を二〇年まで「延期」すると発表した。一部メディアの報道では、小室さんの家庭内事情（金銭問題）が秋篠宮家や宮内庁などから問題視されたのではないかと推測されている。

かたや、高円宮《たかまどのみや》絢子女王は二〇一八年六月に一般国民の守谷慧さんと婚約し、こちらは同年一〇月に何事もなく挙式を終えた。皇族女子二人の結婚をめぐるかくも対照的な展開は、あらためて皇族の結婚が一筋縄ではいかないことを世に知らしめる結果となった。

天皇家の結婚にはとかく世間の関心が集まるものの、その法的な手続きや身分の変動は、どれほど一般に理解されているであろうか。

戸籍制度の矛盾を各方面から衝《つ》いてきたジャーナリストの井戸まさえは、眞子内親王に戸籍があったら、「憲法24条により、親の同意も、関係者の理解もいらず、ふたりの意志だけで婚姻する選択肢はあったはずである」[3]と述べている。戸籍には、氏の規定や「嫡出《ちゃくしゅつ》」「非嫡出」の区分といった家制度の残滓もあるため、自由な家族形成の営みを妨げるものと感じる一般国民も多いであろう。だが、それでも皇族からすれば、戸籍法の適用を受けることによって、婚姻についてかなりの「自由」を手にできることは確かである。

ただし、皇族女子が一般国民と婚姻すれば、皇族の身分を失うというのが、現行皇室典範第一二条の定めるところである。仮に眞子内親王が小室さんの妻となれば皇族の身分からは外れ、戸籍法の適用を受けることで、彼との夫婦の戸籍が創設されるわけであるが、二人が婚姻届を出す時、戸籍法上の問題が少なからず潜んでいる。

例えば、夫婦の「氏」についてである。現行民法の第七五〇条では、夫婦は婚姻の際に「夫又は妻の氏を称する」ことが定められている。実際には九六％の夫婦が、夫の氏に妻が合わせる形となっている（二〇一四年厚生労働省統計）。もちろん、妻の氏に夫が合わせてもよいのであるから、もし皇族女子がそれを望み、相手もそれを受け入れたなら、彼女が戸籍の筆頭者となる。ただし、皇族には氏がないという決定的な事情があるので、そのような場合、夫婦の氏はどうなるのであろうか。

また、配偶者の氏を名乗る婚姻を選んだとして、もし離婚した場合には、元皇族女子の氏はどう変わるのか。一般国民が離婚した場合、改氏して入籍した側が婚姻前の氏に自動的に戻る（つまり実家の戸籍に戻る）のが、民法第七六七条の定めである。だが、元皇族には復帰すべき氏がない。ならば、彼女は〝実家（天皇家）〟に戻ることができるのであろうか。

そもそも、天皇家の人々にはなぜ氏なり姓がないのか。

こういった具合に、皇族の結婚ひとつとってみても、一般国民の場合と異なり、さまざまな疑問が頭をもたげるのである。

戸籍は「臣民簿」ではなくなった？

もうひとつ、皇族結婚をめぐる報道をみて違和感が拭えない点がある。

旧皇室典範の成立により、天皇家の身分登録法としては皇統譜、一般国民のそれとしては戸籍という、二元体制が確立された。

皇族の身分（皇籍）を離脱した者は皇統譜から除籍され、新たに戸籍が創設される。このように皇族が一般国民へと身分が変わることを、明治憲法体制では「臣籍降下」と称し、皇族女子が一般国民と婚姻することを特に「降嫁《こうか》」と称した（第3・4章参照）。「現人神」天皇の親族たる皇族が「臣民」として戸籍に登録されることは、身分の「降下」を意味したわけである。

このことからも、日本の戸籍は「臣民簿」であるという歴史的本質が理解できよう。先に述べた、天皇家と一般国民との間の溝というのは、まさにここにある。

戦後、国民を「臣民」と規定していた明治憲法から、「国民主権」を原則とする日本国憲法に変わり、「臣民」は法令上の文言としては廃止された。これを受け、例えば皇族女子が非皇族男子との婚姻によって天皇家を出て相手の戸籍に入ることを、「臣籍降下」や「降嫁」ではなく、「皇籍離脱」と称するようになった。

今日、「臣籍降下」という言葉を使うとなると、現行憲法における「国民主権」の原理に抵触し、戦前の「一君万民」思想を思い起こさせ、復古的な空気を煽るものとして忌避されたのであろう。だが、「皇籍離脱」という表現では、離脱した元皇族の「籍」の行き先が不明であり、尻切れトンボではないか。「民籍降下」とでも呼んだ方がまだしっくりくる。もし「降下」という表現が、右のような理由で現行憲法の秩序にふさわしくないというのであれば、そもそも天皇制とは我々にとって何なのであろうか。

「血統」という価値——大事なのは「現在」より「過去」？

明治の啓蒙思想家、福沢諭吉の『福翁自伝《ふくおうじでん》』（一八九九年）に、「ワシントンの子孫如何と問う」という有名なエピソードがある。これは、福沢が咸臨丸《かんりんまる》に乗って文久三（一八六三）年に米国の土を初めて踏んだ時の体験をつづったものである。サンフランシスコで、初代大統領ワシントンの子孫は今はどうしているのかと米国民に尋ねてみると、「よく知らない」と冷淡に返されたことを福沢は不思議に感じたという。

福沢がここで言おうとしたのは、日本では先祖だの血統だのによって現在の身分や地位が決まるが、米国ではいま生きている人間の能力や意識が大事なのであり、先祖や血統といった過去の話には興味がないという、日米間の価値観の相違についてである。

古来より日本では、祖先の霊を尊ぶ祖先崇拝の慣習が根強い。それは、近代となっても変わるところがなかった。近代社会は個人の活躍を促すようになった半面、個人としての独立を果たせない人間も生み出す。都会での生活に挫折し、郷愁の念にかられた人々が、「ご先祖さま」からつながる家の由緒に心の拠り所を求めたとしても不思議はない。

系図とは元来、血統や家の継承について、系線でもって図示したものである。これを系譜ともいうが、「譜」は「次第を追うて事実を列載した記録」であり、この一字で「世統来歴」を表すこともある。[4] すなわち、「系図」は図に重きを置いたもので、「系譜」は系図上に載せた個人の記録を文章でつづったものである。

家系図は、個々人の血縁関係を過去にさかのぼって証明するものである。先祖に聖賢や英雄が名を連ねていたら、子孫によっては、その系譜を至宝のごとく感ずることであろう。このような価値観にあっては、一統で繋がる祖先が古ければ古いほど、系図の価値は増していく。

ただ、公家や武家を先祖とする家でなければ、系図を備えていることは少ないであろう。一般的にいって、自らの家が先祖代々、いかなる系統をたどってきたかについての記録、つまり家の系譜となるのが戸籍ということになる。

一方、天皇家においては、先に述べた皇統譜が「万世一系」の皇統を公証する系譜である。いずれも、その家系の連綿たる永続が、系譜に一層の輝きを与える。だが、その系譜に記されている内容は果たして真実なのであろうか?

天皇と戸籍をめぐる「日本」の日常的風景

日々、我々は時間を気にして生きている。分刻みで書かれたスケジュール表を持ち歩いている人もいれば、すでに一年後の予定までカレンダーに書き込んでいる人もいる。それらの人々は、元号という日本独自の時代区分が天皇の代替わりとともにあることを、換言すれば、天皇によって日本の〝時代区分〟が左右されることについて、何を思うであろうか。

天皇が病に伏した時や、皇族が婚姻や出産を迎えた時、遠近を問わず皇居へ出向き、律儀に記帳を行う人々がいる。その半面、せいぜい元号が変わる時くらいしか天皇という存在を意識しない人々もいる。

ひとつの制度が長きにわたって存続している時、それが人々に利便や快楽をもたらすわけでもなく、それを存続させることの合理性すら感じられなくても、それが稀有な「伝統」なのだと説明されれば、すんなりと納得してしまう人は多い。天皇制も戸籍も、国民にとっていかなる必要性があるのかとあらためて問われれば、大半の人は答えに窮すること請け合いである。どちらも、国民が日常生活を送る上で利用ないし接触する機会はほとんどなく、天皇に至っては、むしろ対面する機会が一生に一度も訪れない人の方が普通である。

つまり、制度が存続する可能性は、国民がいかにその存在意義に無自覚ないし無関心となるかにもよるといえよう。そうした非合理な制度の受動的追認という心理が顕著にはたらいているのが、戸籍制度であり、天皇制ではないか。

戸籍制度は、東アジアに固有の伝統的な身分登録制度である。中国では七世紀の唐の時代に体系的な戸籍制度が整備されたとみられ、日本でも唐に倣《なら》って七世紀後半から全国統一の戸籍を実施していた（第1章参照）。つまり、日本の戸籍制度は、幾度の変遷を経ながらも、今日まで少なくとも一三〇〇年以上にわたって存続してきたのである。

戸籍が現在のような「氏」を基準とする家族単位の編製となったのは明治時代からであるが、

それでもすでに一二〇年以上の歴史がある。日本と似た戸籍制度が続いてきた韓国は二〇〇八年にこれを廃止した。中国と台湾の現行の制度は居住登録という意味合いが強く、日本のそれとはだいぶ違う。まさに日本の戸籍は今や、世界の中で類を見ない制度と化している。

これほど長きにわたって戸籍制度とともに生きてきた日本人は、今日では戸籍に管理されることに抵抗や不服を覚えることはなく、それどころか戸籍に管理されているという意識そのものが希薄である。

結婚の時には夫婦が氏を同一にしなければならないという面倒事がありながら、みんながそうしているから自分たちも〝自然〟に婚姻届を役所に出す。戸籍に登録され、血縁や氏に帰属することを尊重する風潮は、自我の突出を抑制して集団への恭順ないし同調を美徳とする精神を内包している。

戸籍制度に対する日本人のこうした無抵抗な順応は一体、何に由来するのであろうか。そう考える時、天皇制に対する国民意識のなかに、これと酷似したものを見出さざるを得ない。

戦前において、「現人神」たる天皇は日本の「家長」、国民はその「赤子《せきし》」とされ、「君臣」は「親子」として一体化するという家族国家思想が鼓吹された（第5章第3節参照）。この時、天皇に帰依しえぬ者は、「父親」の慈愛に背く不孝者となる。まして、天皇制に対して反対の声を声高に上げることは「不敬」とされ、治安維持法や刑法によって犯罪として扱われた。

戦後になって、天皇の不可侵性を前提とするそれらの諸法令が改廃されたにもかかわらず、天皇に対する批判的言動は慎まれ、天皇制のもつ精神的価値を必要以上に見つけ出して称《たた》えようとする空気が日本社会を取り巻いている。

二〇一九年四月一日、新元号「令和」が政府から発表されると、日本全国が興奮と熱気に包まれた〝かのように〟メディアでは報じられた。実際のところ、どれほどの人が今回の改元を肯定的に受け止めたのかは定かでない。だが、元号を廃止してはどうかといった本質的な議論は、メディアでは一顧だにされなかった。たとえ、元号に対して否定的な反応が露わになったとしても、メディア側の裁量によってほとんど表に出なかったであろうことは想像に難くない。

米国のジャーナリスト、ウォルター・リップマン（Walter Lippmann）は『世論』（一九二二年）において、マスメディアが伝達する情報によってそれが「真実」であるかのように創り上げられた「疑似環境」を人間は「現実」として認識し、それに基づいて自らの行動を形作ると論じたが、まさしくこれは天皇制をめぐるマスメディアと日本人との関係にも当てはまるといえよう。

戸籍制度についても同じことがいえる。母親が「日本人」であっても、さまざまな事情で戸籍に記載されていない無戸籍の「日本人」の存在が近年、マスメディアでさかんに取り上げられるようになった。だが、報道だけでなく、ドラマや映画をみても、無戸籍者の存在は〝悲劇〟〝不幸〟〝憐れ〟な存在として描かれるのがもっぱらである。なぜかというと、就学、就職、社会保障、参政権など、「我々」が当然のように手にしている権利や自由は、戸籍がなければことごとく失われるという、戸籍と個人をめぐるステレオタイプが常に幅を利かしているからである。

天皇制と戸籍、一体、その何が「日本人」の精神や価値観を縛っているのであろうか。

戸籍制度を通してみえてくる天皇制

「日本」という国家の姿、形を問う切り口も、いろいろあろう。

「日本人」であればもつことが〝当然〟とされる戸籍であるが、その一方で戸籍をもたないことが〝当然〟とされる天皇家が、「日本国家および日本国民統合の象徴」として君臨している。このような状況が、いかなる歴史的展開をたどって形成されたのか。それによって「日本人」なるものがいかに形作られてきたのか。

筆者は前著『戸籍と無戸籍――「日本人」の輪郭』(二〇一七年)で、天皇家は戸籍を超越した存在であるとして、日本国家におけるその歴史的な特殊性について言及した[6]。本書では、天皇制と戸籍をめぐる法および社会の構造と思想をさらに明瞭に浮かび上がらせることで、「家」や「血統」というものの意味を、「国家」や「歴史」の観点から問い直していく。

具体的には、以下の課題に取り組むこととする。

第一に、天皇および皇族が戸籍をもたないこと、換言すれば、戸籍が「臣民簿」として存在し続けていることの歴史的意味を検討する。これに関連して、天皇家が氏姓をもたないという事実を通して、日本人にとって氏姓とは何であるかを問い直したい。

第二に、天皇家における家族制度について、それが戸籍法および民法によって規定される一般国民の家族制度と比べていかなる特色をもち、そこに込められた思想が何であるかをさぐる。

第三に、天皇家の系譜にして身分登録である皇統譜の内容およびその歴史を検証するとともに、天皇家と一般国民との間に生じる「籍」の変動に光を当てる。

第四に、戸籍に支えられた「家」の思想と天皇家との結びつきを考察する。特に日本人の家族法において、天皇家がひとつの倫理的規範として位置づけられた歴史に焦点を当てる。

明仁天皇の退位問題が持ち上がってからというもの、書店にはおびただしい数の天皇関係の書籍が置かれている。本書は正面から天皇制を論じるものではない。家族と法という一般国民にとって身近な題材を取り上げ、血統の尊重、男尊女卑、系譜の崇拝といった伝統的な価値観がなぜ日本に残り続けているのか、天皇制と戸籍制度が長く存続してきたことの現代的意味とは何かを問うことで、我々が直視せずにきた問題を再考するきっかけとなることを願って一書とした。

1――「家系図作り人気」『毎日新聞』二〇一八年九月二一日夕刊。
2――園部逸夫『皇室法概論』第一法規出版、二〇〇二年、一一六六頁。
3――井戸まさえ「眞子さまはなぜ自由に結婚できないのか?『非戸籍の日本人』の苦悩」『現代ビジネス』二〇一八年二月一八日。
4――太田亮『姓氏と家系』創元社、一九四一年、三三二頁。
5――Walter Lippmann, *Public Opinion*, New York: Harcourt, Brace and Company, 1922. W・リップマン著、掛川トミ子訳『世論 上・下』岩波文庫、一九八七年。
6――遠藤正敬『戸籍と無戸籍』人文書院、二〇一七年、第一章第三節。

第1章

戸籍なき天皇家

1　天皇家が戸籍をもたない理由

「公地公民」を支えた戸籍

なぜ天皇および皇族は戸籍に載らないのか。それは、序章でも触れたように、日本の戸籍が天皇からみた「臣民簿」であることを歴史的な本質としているからに他ならない。

戸籍は中国、朝鮮、そして日本における伝統的な身分登録制度である。国民の名前、年齢、性別、家族関係、出生地、死亡年といった情報を登録するものであり、その名の通り「戸」を単位として編製されるところに特徴がある。「戸」の定義は国や時代によって異なるが、古代日本のそれは、家長を中心とする家族世帯としてとらえられる。

これに対して欧米諸国では、個人単位の身分登録を実施しており、しかも出生登録、婚姻登録、死亡登録といった具合に、事項別に作成されるのが一般的である。

歴史をさかのぼれば、日本の戸籍制度は、ヤマト朝廷の時代に発祥したと考えられる。ことに全国統一の戸籍の編製は、七世紀後半の律令制発足を契機として始まるというのが通説である。皇極四（六四五）年からの「大化の改新」によって、ヤマト国家は唐の国家モデルに倣った統治体制へと変革された。

そのイデオロギー的核心となったのが、豪族が全国に割拠して治めていた土地と領民はすべて天皇の所有物となるという「公地公民」の原則である。かかる国是の下、国家が中央集権化を進め、財源を確保する目的から、「公田」を人民に貸与して貢租徴税を行う班田制を全国的に実施していくわけである。そこで基盤となったのが「編戸・造籍」、すなわち「戸」を単位とした社会編制と、戸籍の編製であった。

まず、天智九（六七〇）年に全国統一の戸籍として「庚午年籍《こうごねんじゃく》」が編製された。そして持統四（六九〇）年から実施された「庚寅年籍《こういんねんじゃく》」においては、戸籍は六年ごとに郡司の責任で編製され、戸主名、続柄、氏名または姓名、年齢、疾病の有無などが記載された。さらに、戸籍を補完する基礎資料として、人口、年齢、性別などを記載した計帳が毎年作製された。

このように古代国家における戸籍は、天皇の名の下に、徴税や徴兵のための〝資源〟として人民を把握する台帳であるとともに、人民に定住を促し、浮浪者を取り締まるという治安維持を目的とする身許調査の役割も備えていた。

だが、重税に耐えかね、公団を放棄して逃散《ちょうさん》する人民が増大したことを受け、朝廷は対策として七四五年に「墾田永年私財法」を発し、開墾地の私有化を容認するに至った。これにより「公地公民」原則に基づく班田制が解体されていくと、その基礎資料の役目を担っていた戸籍はもろくも形骸化するに至った。もっとも、日本の戸籍の特徴は、むしろ次節で述べるような「定姓や氏姓秩序の台帳[1]」というところに見出せるのである。

壬申戸籍による「日本人」の画定

天皇と臣民における絶対的な上下関係が法制の上で明確にされるのは、明治以降のことである。開国以来、欧米列強による外圧に晒《さら》され、緊迫した国際環境のなかで日本の政治指導者たちは国家の独立を守るべく、「国民」という共同意識の下に人民を統合していく必要性を認識したであろう。「日本人」としての国民意識を醸成するための求心力を託すべき存在は天皇をおいて他になかった。だからこそ、「近代」に向かうはずの明治国家は「神武創業」の建国神話に、統治の正統性を置いて出発した。慶応三（一八六七）年一二月に「王政復古の大号令」を発して、弱冠一五歳の明治天皇を「現人神」としてまつりあげ、その神格化に尽力していくのである。

そこにおいて戸籍は、あくまで「下々」を登録するものであり、「上御《かみご》一人《いちにん》」たる天皇を別格とすることを法制の上で明示する際に格別の役割を担った。

徴兵制や地租改正をはじめとする「富国強兵」政策の基盤として全国統一戸籍の制定に乗り出した明治政府は、明治四（一八七一）年四月四日、太政官布告第一七〇号を発した。これにより明治五（一八七二）年に編製されたのが、「壬申《じんしん》戸籍」である。

同布告はその第一則において、日本に居住する華族、士族から神官、僧侶、平民に至るまでを「臣民一般」とし、「其《その》住居ノ地ニ就《つい》テ之ヲ収メ専ラ漏《もら》スナキヲ旨トス」（傍点、引用者）と宣している。人種や血統などではなく、「住居ノ地」に基づいて「臣民」として戸籍に登録されるという、居住主義による「日本人」の法的定義を初めて示したわけである。徳川時代には、武士、公家、神官、僧侶などは戸籍（人別帳）の対象外に置かれていたので、すべての人民がひとしく戸籍に登録されることで「臣民」として平準化されるという「四民平等」のプロパガンダを狙ったとみることもできよう。

ここにおいて戸籍は、「臣民簿」という国家的意義をあらためて与えられた。と同時に、「一君万民」という形での国民統合が、戸籍という装置を介して具現化されたのである。

個人の家族関係を律する近代法典としての民法も、長年の論争を経て一八九八年七月一六日に民法親族編（一八九六年法律第八九号。以下、「明治民法」）として施行された。その第七三二条では「戸主ノ親族ニシテ其《その》家ニ在《あ》ル者及ヒ其配偶者ハ之《これ》ヲ家族トス」と規定された。これは「戸主ノ家ニ在ル者」が民法上の「家族」であると定めた重要な条文である。明治民法起草委員の一人であった富井政章《まさあきら》が「家ハ戸籍ノコトヲ云《い》フ」と確言しているように、「家」は「戸籍」を意味するものであった。

そして、明治民法は、その第七三三条で次のように規定した。

第七三三条　一　子ハ父ノ家ニ入ル
　　　　　　二　父ノ知レサル子ハ母ノ家ニ入ル
　　　　　　三　父母共ニ知レサル子ハ一家ヲ創立ス

つまり、嫡出子、婚外子（「父ノ知レサル子」）、棄児（父母共ニ知レサル子）のいずれを問わず、この世に生を受けた子は必ず一つの家に入るのである。加えて、第七四六条で「戸主及家族ハ其家ノ氏ヲ称ス」と定めた。すなわち、日本国民は一つの家に属し、一つの氏をもって一つの戸籍に入るという「一家一氏一籍」が打ち出された。こうして、個人が家に属することは、「臣民簿」たる戸籍の管理下に置かれることをも意味するに至ったのである。

一方、一八八九年に制定された旧皇室典範では、第三三条で「皇族ノ誕生命名婚嫁薨去《こうきょ》（皇族あるいは三位以上の人が死去すること：引用者注）ハ宮内大臣之《これ》ヲ公告ス」、第三四条で「皇統譜及前条ニ関《かかわ》ル記録ハ図書寮《ずしょりょう》ニ於テ尚蔵ス（保存する：引用者注）」とされた。これにより、天皇および皇族は皇統譜によってその身分登録がなされ、「臣民簿」をつかさどる戸籍法の適用は受けないこととなった。

現行憲法および現行皇室典範の下でも、天皇および皇族が皇統譜によってその身分関係が登録されるという原則に何ら変わりはない。一九四八年に施行された現行戸籍法でも、天皇および皇族には戸籍法は適用されないこととなっている。[3]

憲法上、「臣民」という語は廃止されたものの、天皇からみた「臣民簿」であるという戸籍のもつ基本精神は事実上、温存されているというべきであろう。

2　天皇家にはなぜ「氏」「姓」がないのか？

古代中国で生まれた「姓」――「血」を同じくする者の証し

天皇家は戸籍をもたないという日本古来の〝自然法〟は、天皇家は「氏姓」をもたないという原則と互いに相支え合う関係にある。

前述の通り、日本人が戸籍に記載される時、ひとつの「氏」を称することが原則となっている。現行戸籍法でも、その第六条に「戸籍は、市町村の区域内に本籍を定める一の夫婦及びこれと氏を同じくする子ごとに、これを編製する」と定められているように、同一の戸籍にある者は同じ「氏」を共有すべきこととされている。これは明治民法から引き継がれている戸籍の原理である。ただし、戸籍法および民法でいうところの「氏」は、もともとは「家名」を意味するものであるが、「夫婦別姓」といった言葉にみられるように、しばしば「姓」と言い換えられる。それ以外にも、「同姓同名」「姓名判断」などの用法をみると、日本語として通用しているのは「氏」よりもむしろ「姓」の方であろう。

さらにいえば、「氏」も「姓」も、個人名としての「苗字」と同義のものとして一般には理解されている。あるいは、その三者は混同されているといってもよい。だが、「氏」と「姓」は似て非なるものであり、時代によってそれぞれのもつ意味は変化してきた。
まず、「姓」は「セイ」と音読するか、「カバネ」と訓読するかで意味を異にしていた。「姓（カバネ）」については後述するとして、ここでは「姓（セイ）」についてみていく。
「姓（セイ）」は、古代中国の家族法において、母系の血族を表す標識であった。「姓」の字は「おんなへん」に「生（セイ）」という字から成る。中国最古の漢字辞典『説文』に、「女から生まれた」ことをもって「姓」とするとの説明があるように、女系を示したものと考えられる。これに対して男系を示す概念として「氏」が発生したようである。[4]
また、古代中国において「姓」は、「徳」の意味もあわせ持っていたとみられる。「姓」を同じくする者は同等の「徳」を備える者とみなす「同徳同姓、異徳異姓」の思想もあった。すなわち、同じ母から生まれた子でも、その「徳」が、父に類するときは父の「姓」を名乗り、母に類するときは母の「姓」を名乗った。それゆえ、子における「徳」が父にも母にも類するところがなければ「同姓」とはされず、「異姓」を与えられることもあったという。[5]血を分け合う者は、人格的な部分でも「同族」として徳を共有すべきであると観念されていたのであろう。

天皇からの〝賜り物〟――古代日本の「ウジ」と「カバネ」

「氏」「姓」は、古代日本国家においては「ウジ（氏）」「カバネ（姓）」という、この時代に固有の概念であった。「ウジ（氏）」は同一血族によって構成される豪族の称号（蘇我、物部《もののべ》、大伴など）であり、「カバネ（姓）」は氏に授けられる官位序列の称号（臣《おみ》、連《むらじ》、公《きみ》など）であった。それぞれの氏には氏人《うじびと》（氏を同じくする集団）を統率するリーダーとして氏上《うじのかみ》がおり、氏上はその氏に対応した官職を朝廷から与えられ、これを世襲していった。

古代国家においては、個人の資質、能力よりも家柄、門閥の方がはるかに政治権力をもたらす源泉であった。そこにおいて、豪族の血筋の標識となる氏姓を公証するとされたのが戸籍である。『日本書紀』（七二〇年）には、崇神帝《すじん》（第一〇代）の治世（三世紀後半～四世紀前半とみられる）に人民の戸籍をつくり、課役を命じたとの記述がある。そして允恭帝《いんぎょう》（第一九代）の即位四年（五世紀？）には、氏姓を正すことを国家の大事とし、このために戸籍を整備したとされる。何しろ氏姓が天皇からの〝賜り物〟である以上、その〝御威光〟にあずかろうと氏姓を捏造する豪族が絶えなかったのであろう。

さらに『日本書紀』によれば、允恭帝による戸籍編製の年に、氏姓の真偽を判定するために「盟神探湯《くがたち》」（熱湯に手を入れさせ、やけどを負った者は有罪とする）という神明裁判まで行われたという。氏族の「血」をより高貴なものとして粉飾することが、一族の栄達への道につながる手段となったのである。

家柄や血筋を重んじる人々の間でその基準となったのは、天皇との血縁関係の遠近である。そうした「聖なるもの」との血縁を貴ぶ風土が廃れることはない。氏姓制度はその後も形を変えながら存続し、第3章で詳述するように、政治権力の配置を左右するものとさえなったのである。

氏姓制度は、天武天皇（第四〇代）の治世において、さらなる転換期を迎える。天武は初めて「天皇」の称号を名乗り、かつ国号を「ヤマト（倭）」から「日本」へと改めたという点で、歴史上画期的な天皇といえる。

　天智帝の後継者争いから勃発した壬申の乱（天武元（六七二）年）に勝利を収め、「天皇」として即位した天武は、乱立の様相を呈していた姓の整理に乗り出した。その成果が、天武一三（六八四）年に成立した「八色《やくさ》の姓《かばね》」の制度である。この制度は、①真人《まひと》、②朝臣《あそん》、③宿禰《すくね》、④忌寸《いみき》、⑤道師《みちのし》、⑥臣《おみ》、⑦連《むらじ》、⑧稲置《いなき》という八等級からなる。この等級は、天皇との血縁の遠近に対応するものであった。例えば、臣籍に降下した皇子のうち、「真人」は「〇〇公《きみ》」と名乗っていた諸氏に、「朝臣」は「〇〇臣」と名乗っていた諸氏に与えられたという具合である。[6] ただし、この「八姓」のうち、実際に賜姓《しせい》として用いられたのは、真人、朝臣、宿禰、忌寸の四姓にとどまったようである。[7]

　いずれにせよ、「八色の姓」は、後述するように、賜姓降下する皇族の受け皿にふさわしい最高位の姓を設けると同時に、従来の氏姓を等級化して再編するものであった。これにより、家柄と血縁に基づく社会的序列は、朝廷での出世や昇進といった政治的効果を生んだのである。こうして氏姓は政治的にも社会的にも、皇族、元皇族（賜姓皇族）、下級官僚といった階層を固定化するものとなり、「その最上に天皇が臨むというヒエラルキーの確立こそ、大化以後の諸政策の最終目的であった」[8]とさえいえよう。

前述した庚午年籍、庚寅年籍の編製は、豪族の偽称によって生じた氏姓の混乱を整理すること も、その目的のひとつとしていた。だが、『続日本紀《しょくにほんぎ》』によれば、大宝三年（七〇三）年七月に発せられた文武《もんむ》天皇（第四二代）の詔《みことのり》には、次のように述べられている。戸籍・計帳を設けることは、国家の大きなきまりであるが、時が経って改変すれば偽りは必ず生じる。庚午年籍を根本とし、再び改変することのないようにせよ、と。つまり、いかに正式に戸籍を編製したとしても、豪族にしろ庶民にしろ、その身分の申告すべてが真実であることはないから慎重を期すようにという訓示である。

八世紀後半になると、「姓」は庶民層にも与えられるようになっていく。天平宝字元（七五七）年四月には、無姓の民に対する賜姓の徹底がはかられている。[9] さらに九世紀前半に、東北の「まつろわぬ民」であった蝦夷《えみし》を朝廷の支配下に服属させるが、一般的な「公民（編戸の民）」とは区別して「俘囚《ふしゅう》」として扱われていた彼らを、「蛮夷《ばんい》の姓」から「王民の姓」へと改姓させることで「公民」へと編入していった。[10]

以上をまとめれば、古代日本より氏と姓は、天皇に対する個人の従属と奉仕の証として「賜る」ものであり、「天皇の臣民」であることの表象であった。[11] 氏も姓も苗字も、あくまで臣民の一家が掲げる名前であり、〝君臣の別〟の標識であるという考え方は、国体論（第5章で詳述する）のイデオローグとして知られる憲法学者の上杉慎吉も、「皇室に氏姓苗字あることなし、臣民と対等並立する一家に非《あら》ず[12]」と説いていたところからもうかがえる。

天皇はあくまで臣民に氏姓を「賜る」側であり、氏姓の有無が「君臣」を分かつ絶対的な基準となったのである。

「○○宮」は「氏姓」にあらず？

ここまで、天皇家が氏姓をもたないことの原理をみてきた。だが、このことは一般にはあまり知られていないようである。例えば「秋篠宮文仁《ふみひと》」などの名前、さらには「秋篠宮家の長女眞子様」などの表現から、市井では「秋篠宮」が家名（氏）ないし姓であると思いこむ傾向がみられる。マスメディアにおいても、皇族個人を「○○宮様」と呼ぶことが多い。

この「○○宮」は「宮号《みやごう》」と呼ばれるものであり、一般国民における姓や家名とは意味が異なる。宮号は、天皇家から独立して宮家を創立した皇族男子に天皇が授け、その男子孫に世襲される称号である。宮号を与えられた皇族の妃と子女も同じくこれを称する（このあたりは、家族一体主義をとる戸籍上の「氏」と共通している）。この宮号には法的根拠があるわけではなく、あくまで慣例として続いているにすぎない。

宮家の起源は、九世紀にさかのぼる。淳仁《じゅんにん》天皇（第四七代）の時代に、皇子でない皇族についても親王として認定するという「親王宣下《せんげ》」の慣例が始まった（第3章第2節参照）。その後、一世紀になると、今度は親王宣下を受けた皇族の一系が代々、親王宣下を世襲していくという慣例が生まれた。かくして誕生した「世襲親王家」が、「宮家」である。

この宮家は、皇位継承者の頭数を確保しておくことを目的とする〝皇太子予備軍〟といえる。各宮家と天皇との間の血縁は遠近さまざまであり、皇子や皇兄弟が創立した宮家は「直宮家《じきみやけ》」と呼ばれて区別された。宮家の当主が世襲する宮号には、増加する宮家を血統という観点から識別する役割があったのである。

旧皇室典範体制においても、宮家や宮号に関する特別の規定はなく、すべて慣例にしたがって処理されていた。現行皇室典範の下では、皇室経済法（一九四七年法律第四号）に基づき、皇族男子が内廷（皇后、太皇太后《たいこうたいごう》、皇太后、皇太子とその家族、未婚の皇子女によって構成される）からの「独立した生計」が認められた時に、新たな宮家が創立される慣例となっている。[13] 二〇一九年現在、宮家には秋篠宮（一九九〇年～）、常陸宮（一九六四年～）、三笠宮（一九三五年～）、高円宮（一九八四年～）の四家が存在する。

一般国民が婚姻した場合、従前の戸籍（基本は親の戸籍）から独立し、夫婦の戸籍を新たに創設するが、その「氏」は夫か妻のどちらかのものとなる。また、婚姻しなくても、成年になれば、現在の戸籍から独立して、自らが筆頭者となる新戸籍を創設する「分籍」が認められているが、「氏」を変更することはできない。これに対して宮家を創立する場合、その当主となる皇族男子は氏姓がないのであるから、宮家の呼称として新たな宮号がつくられるわけである。

こうしてみると、あたかも宮家が〝皇室本家〟の〝分家〟であり、疑似的な家であるかのように映るが、後述するように、宮家もすべて「天皇家」という一家の一員にすぎないというのが建前である。とはいえ、一九四七年に一一宮家が臣籍降下した時に、伏見宮→伏見、東久邇宮《ひがしくにのみや》→東久邇という具合に、宮号からことごとく「宮」を削ったものを戸籍上の「氏」としたので、これも宮号が「家名」であるかのような印象を与える一因であろう。

もともと宮号は、平安時代までは皇族個人の呼称であったが、前述した世襲親王家の成立によって、「家号《かごう》」へとその意味が変わったという。[14]「家号」は「家名」(氏)と混同されやすいが、公家が明治前まで私用の際に用いた呼称である。家号は戸籍上の「氏」と異なり、公式名ではないので、公式の文書では一切これを用いなかった。例えば、九条家、三条家、日野家などは家号であるが、公文書に署名する時はことごとく「藤原」の氏を記入したという。[15]

これに倣ってか、今日においても宮号は、法令、官報、告示といった、政府による公式文書で使用されることはない。例えば、二〇一六年に三笠宮崇仁《たかとし》親王が死去した時、官報には「崇仁親王殿下は、一〇月二七日午前八時三四分、東京都中央区明石町九番一号聖路加国際病院において薨去《こうきょ》された。平成二八年一〇月二八日」(「宮内庁告示第一一号」)と告示されている。

宮号の由来というのもさまざまである。例えば、地名―伏見宮榮仁《よしひと》親王(山城国伏見に住んでいた)、御殿名―安井宮道尊《どうそん》(安井殿に住んでいた)、寺院名―仁和《にんな》寺宮《じのみや》敦実《あつみ》親王(仁和寺に入室した)、官職名―弾正宮《だんじょうのみや》(弾正尹《だんじょうのいん》=弾正台長官に任ぜられた)などのパターンがある。[16]つまり、宮号の決め方において原則らしきものが特段あるわけではなく、そのあたりも庶民の苗字と同一視されやすい一因かもしれない。

この宮号と紛らわしいのが、「御称号」である。これは、皇子孫が生まれながらに与えられる、皇族個人としての呼称である。したがって、宮号と「御称号」は同一ではない。例えば、文仁親王の宮号は「秋篠宮」であるが、「御称号」は「礼宮《あやのみや》」である。

皇子孫が生まれた時に「御命名」がなされるが、これと同時に特定の「御称号」が与えられるのが慣例となっている。例えば、上皇明仁の場合、一九三三年一二月二三日に皇太子として誕生した際、「本月二十三日午後六時三十九分御誕生アラセラレタル親王御名ヲ明仁ト命ゼラレ継宮《つぐのみや》ト称セラレ」との宮内省告示が同年一二月二九日付で発せられ[17]、「継宮」が「御称号」とされた。

この「御称号」は宮号と異なり、世襲されるものではない。現在において「御称号」は、天皇または皇太子の子女にのみ与えられるのが慣例となっている。今上の徳仁天皇の「御称号」は「浩宮」であるが、その長女・愛子内親王の「御称号」は「敬宮《としのみや》」である。一般国民であれば、同じ戸籍に記載されている夫婦と未婚の子は同一の氏を称する定めとなっている点に鑑みても、「御称号」は皇族個人の呼び名であることが理解できよう。

「公」の表徴としての「無氏無姓」——否定される「易姓革命」

ここまで述べてきたように、氏姓は同じ家系において継承されるものであり、個々の家筋、血統を公示するものである。

ことに君主の姓は、その君主が統べる王朝の正統性と固有性をあらわす。したがって、中国やヨーロッパのように王朝が交替する社会では、個々の王家の血筋を示す標識として姓は重要な意味をもつ。

これに対して日本においては、王朝と姓をめぐる固有の政治思想が根を下ろしてきた。六世紀前半に儒教が百済から伝来し、徳川幕府の下では正統の教学「儒学」として公認されたことは広く知られていよう。だが、一般的にいって、外国から新しい宗教や学問を受容する時、それが自国の在来の文化や慣習と相容れない部分をはらんでいれば、その部分については拒絶する、もしくは無視するという抑制的な受け入れ方となる。

日本の場合、中国の儒教を全面的に受容したわけではない。儒教のなかに、日本からみて放棄すべき思想が存在したのである。それが、「易姓革命《えきせいかくめい》」である。

「易姓革命」とは、天命に背く（徳をもたない）君主があれば、徳を備えた異姓の一族がこれを放伐《ほうばつ》し、新たな王朝を創立してよいとする古代中国の政治思想である。その前提にあるのは、天命によって王朝が交替するという独特の統治論である。

王朝の統治者たる皇帝はその家系を示す姓をもち、ひとつの王朝が続くあいだは同姓の者が皇帝の座を継承する。したがって皇帝の「姓が易《か》わる」ことは王朝そのものの交替を意味し、これが「革命」（天命を革《あらた》める）となるのであった。儒教社会において、姓というものが、同一の血統を示す観念としていかに重要視されていたかは、この思想から理解できよう。

一方、天皇家は神武以来、「万世一系」であること、つまり単一の王家が続いてきたことをその生命線とするものであり、これに競合するような他の王家は存在しない。したがって、天皇家は他の王家との区別を示すための「姓」をもつ必要がなく、日本では「易姓」の概念が成立しえないのである。むしろ、「易姓革命」の思想を採用するとなれば、王朝交替の肯定、すなわち天皇制の否定に帰する他はない。

　何より、氏姓が個々の家名、つまり「私」を表すものである以上、天皇家が氏姓を有するとなれば、俗世の「私」という要素がそこに入り込むことになり、天皇に託された「公」という不磨の価値は混濁したものとなる。

「公」の表徴ゆえの天皇家の「無氏無姓」というこの論理について、歴史学者の和歌森太郎は「皇室が姓をもたれなかつたことは、姓が私の意識を支へるものなることを思へば、早くから無私の立場を自覚されたことを示す」[18]と述べている。すなわち、天皇家が氏姓から超然として「公平無私」の境地にあるからこそ、姓を偽ってまで私益の増大を図ろうとする諸氏族を統率する絶対的シンボルとして存立し得たのであろう。

　保守派の法学者として知られた穂積陳重《ほづみのぶしげ》は、「抑《そもそ》も我等日本全国民は一大家族を形成するものにして、皇室は実に其宗室たり、臣民は総て其分家たる関係に在るものなり」（傍点、原文のまま）という家族国家思想に立って、次のように述べる。「公」または「おほやけ（大宅）」という語は、古くは「朝廷」または「天皇」の意味としてしばしば用いられ、このことこそが皇室に氏姓がない理由であり、「蓋《けだ》し姓氏は国民的大家族即ち「大宅」中の細分子、即ち組成的単位を相互標識するの名称に過ぎざればなり」[19]。姓氏を標識とする「細分子」、つまり個々の家を統合する「大宅」であるからこそ、天皇家は姓も氏ももたないというわけである。

また、神道研究家にして「皇道」精神のイデオローグであった今泉定助《さだすけ》は、「氏姓は他人と区別する必要から出来たものであるけれども、天皇は至高至尊絶対にあらせらるるから、他と区別する必要がない。それで氏も姓も皇室には必要がないのである」[20]として、天皇の絶対的な至高性という観点から、天皇家に氏姓が不要である理由を説明している。

つまり、天皇家はすべての氏族に対して超然として聳《そび》え立つ存在でなければならなかった。臣民の称する氏や姓は各々の家の標識であり、いわば「私」の表徴である。それらすべての氏姓（家）をたばねる唯一無二の「宗室」として天皇家は「公」を表徴するものであるからこそ、氏姓を必要としないのである。こうした解釈の前提には、伝統的に日本社会に貫かれてきた「本家―分家」という氏姓を基軸とした集団的帰属の観念があることは明らかである。

3　天皇家の家族法――一般国民との法の壁

日本の皇室自律主義

天皇家の生活空間は、一般国民に適用される法とは異なる特別法によってつかさどられる。いうなればそこは、一般国民の「家」とは次元を異にする空間なのである。

古代にさかのぼると、令制（律令制のうち、行政法にあたる法制）の下では、天皇および皇族の婚姻や養子に関する規定があった。だが、後述するように、しばしば時の権力者によって恣意的な法の運用がなされるようになり、しだいに先例による慣習法がその柱となっていった。法制史家の瀧川政次郎《たきかわまさじろう》によれば、日本の法思想においては「一定の法理に基づいて永世不変の典法を制定し、その典法を条文通りにいつまでも固執して行く、といふやうな融通の利かないことは、国民の性質に合はない。従つて我が国に於ては古来弾力性の多い慣習法の方が、固定的な成文法より常に優勢」[21]であった。

「皇家ノ成典」として旧皇室典範が制定された時、その立法精神の支柱にすえられたのは、皇室に関する事項は憲法から独立した法令によって定め、立法府たる議会の関与すべきところではないという「皇室自律主義」であった。したがって、旧皇室典範の改正または増補については、皇族会議および枢密顧問の諮詢《しじゅん》を経て勅定（天皇の名の下での制定）するものとされ（旧典範第六二条）、その手続きに帝国議会の協賛または議決は要しないとされていた（明治憲法第七四条）。憲法学者の宮澤俊義《としよし》によれば「皇室典範と憲法とは相ならんでわが国法における最高の成文法律であり、上下軽重の別は存しない」[22]というのが、明治憲法時代における皇室典範の位置づけであった。

したがって、明治憲法の下では、皇族の身分について民法は適用されず、皇室典範に基づく特例によって定められるものとなっていた。[23] 戦前日本に存在した「皇室令」といわれる特別な法制がそれである。「皇室令」というこの名称は、旧皇室典範に基づき、皇室をめぐる行政や司法に関する諸規則や事務手続きを規定した成文法の総称である。明治憲法体制において天皇の名で作成される法令や文書の形式は、一九〇七年の公式令（一九〇七年勅令第六三号）によって定められ、皇室令もこれに基づいて制定された。したがって皇室令は、議会による制定法と異なり、皇族会議または枢密顧問の諮詢を経て、時としてそれらの諮詢を経ることなく「勅定」されるものであった。[24]

皇室令には、皇族における婚姻、相続、祭祀など民法的な内容を扱うものが多い（表1）。なかでも皇族身位令《しんいれい》（一九一〇年皇室令第二号）は、皇族という身分の範囲を律するという意味で重要な法のひとつであった（これについては後述する）。

敗戦後、日本の「民主化」とともに皇室制度も変革が進められた。一九四六年一一月三日に公布された新憲法により天皇は不可侵の「現人神」から「日本国及び日本国民統合の象徴」へと憲法上の地位が変わった。

これにより、明治憲法体制において認められていた皇室令という法形式も廃止されることとなり、日本国憲法施行日の前日である一九四七年五月二日、「皇室令及附属法令廃止ノ件」（一九四七年皇室令第一二号）が発せられ、数々の皇室令は、皇室令をもって廃止をみたのである。

現行の皇室典範は、一九四七年一月一七日、「唯一の立法機関」（憲法第四一条）たる国会が制

表1　皇室の民事事項を扱った主な皇室令

	皇室令の名称	内容
明治	皇室婚嫁令（1900年勅令）	皇族の婚姻
	皇室誕生令（1902年勅令）	皇族の誕生およびその命名、登録
	皇族会議令（1907年皇室令第1号）	皇族会議
	皇室祭祀令（1908年皇室令第1号）	皇室の祭祀
	皇室成年式令（1909年皇室令第4号）	天皇、皇族の成年式
	皇室服喪令（1909年皇室令第12号）	大喪、皇族の葬儀
	皇族身位令（1910年皇室令第2号）	皇族の班位、叙勲任官、降下、失踪、懲戒
	皇室親族令（1910年皇室令第3号）	皇族における親族の範囲、婚姻など
	皇室財産令(1910年皇室令第33号)	御料、皇族財産
大正	皇統譜令（1926年皇室令第6号）	皇統譜の構成、様式、登録手続きなど
	皇族後見令（1926年皇室令第9号）	皇族の後見
	皇室遺言令(1926年皇室令第10号)	皇族の遺言
	皇室喪儀令（1926年皇室令第11号）	大喪、皇族の葬儀
	皇室陵墓令（1926年皇室令第12号）	皇室の陵墓
	皇室裁判令（1926年皇室令第16号）	皇族を当事者とする民事・刑事訴訟

定した「法律」のひとつとして成立した。つまり、明治憲法時代とは打って変わり、皇室典範は現行憲法の下位法とされ、憲法が皇室法のすべての規範の根拠となると解されている。[25]このため、皇室典範の内容が憲法の規定に抵触する場合、これを無効とするという解釈も導き出されるようになった。

例えば美濃部達吉は、新憲法施行直前（一九四七年四月）に上梓した『新憲法概論』において、明治憲法の下で認められていた皇室自律主義が全廃されたことにより、「皇室も一般国民と等しく国家の立法及び行政に服従するの地位に立つこととなつたのである」[26]（傍点、引用者）とまで述べていた。明治憲法の下では、「天皇機関説事件」において「叛逆《はんぎゃく》人」「学匪《がくひ》」などと排撃された美濃部にとって、天皇大権を廃した新憲法体制の胎動という未曾有の政治変動に際会し、皇室の国家法上の位置が「一般国民と等し」い地点まで劇的に変更されたという解釈は極めて自然なものであったにちがいない。

だが、日本法における皇室自律主義は、戦後においても決してその息の根を絶たれたわけではない。そのことは、天皇家が戸籍法や民法のみならず、国民の権利や義務を律する諸法令の対象外に置かれていることからも明白であろう。

天皇の「親族」と「血族」――「皇族」とはだれか

さて、「皇族」とは一体、どの範囲までの人々を指すものであろうか。その伸縮には歴史的な変遷がある。

明治以前は、「皇族」という語にあたるものが「皇親《こうしん》」であった。

古代の令制においては、儀制令《ぎせいりょう》により天皇および皇族の呼称や範囲が定められていた。そこでは、天皇から四世以内の親族を「皇親」とすることとなった。そして、皇位継承について定めている継嗣令《けいしりょう》によれば、皇親は「親王」と「王」に大別され、前者では男であれば親王、女であれば内親王、後者では男であれば王、女であれば王女と、性別によって名称が分けられた。天皇の兄弟姉妹（皇兄弟・皇姉妹）および皇子はすべて「親王」とされた。二世から五世まで（天皇の子から玄孫《げんそん》まで）は「王」と称することが許されたが、皇親として扱われるのは四世までであり、天皇との血縁関係が遠い五世王（玄孫の子）は臣籍に下ろされた。

その後、文武天皇（第四二代）の治世（七世紀末～八世紀初め）に、五世王を臣籍に列するのは憐れであるとして、これを皇親に含めるなどの改変があったが、桓武《かんむ》天皇（第五〇代）の延暦《えんりやく》一七（七九八）年に皇親の範囲は令制によって定めるという従来の形に戻った。[27]

旧皇室典範においては、「皇族」の範囲を世数によって制限する規定はなく、皇族の子をすべて「皇族」とする「永世皇族主義」が採用された。旧典範が皇位継承資格を男系男子に限定したことで、皇族男子の確保に万全を期すためであった。

また、皇族の「親族」の範囲については、一九一〇年の皇室親族令第一条により、①血族、②配偶者、③三親等内の姻族と規定された。

一般国民における「血族」と異なるのは、「血族」の範囲が限定されていない点である。明治民法の第七二五条において、一般国民における「親族」は、①六親等内の血族、②配偶者、③三親等内の姻族と規定されていた。六親等というと、高祖父母の祖父母、昆孫《こんそん》、高祖父母の父母の兄弟姉妹などになるので、これでもかなり範囲が広い。

ただし、臣籍に降下した元皇族については、皇室親族令第二条で、「天皇または皇族と臣籍にある者との間においては、血族は六親等内に限り親族とする」（傍点、引用者）としてその範囲を狭め、一般国民と同じ条件にしていた。天皇家の血を引く者であろうと、「君臣」「尊卑」の別を画することは怠らなかったのである。

現行皇室典範では、皇后、太皇太后、皇太后、親王、親王妃、内親王、王、王妃および女王までを皇族とするとされ（第六条）、それぞれの名称が皇族としての「身位」とされている。「何世までを皇族とする」という制限はなく、旧典範の「永世皇族主義」を継承している。

天皇家の「続柄」——皇位継承という名の〝家督相続〟

家制度の特徴のひとつとして、家族のなかに序列が設けられたことを挙げなければならない。戸籍には「続柄」という記載事項がある。これは、戸主と同じ戸籍にある者が、戸主といかなる血縁関係にあるかを示すものである。例えば、戸主からみて、父、母、祖父、祖母、妻、兄、姉、弟、妹などがある。

とりわけ子については、長男、長女、二男、二女、三男……という具合に順位がつけられた。養子・養女はそのまま「養子」「養女」と記載された。つまり、家のなかで個人は、その家の戸主との続柄によって序列化されるのである。そのような家族内の序列が実質的に意味をもつのは、家督相続の順位がそれに基づいて決まる場面においてであり、その点において続柄の記載は合理性をみとめられていた。

天皇家において皇族の呼称は、天皇との親族関係に加えて、皇位継承資格との関わりによって、古くから豊富にある。例えば、皇太子、皇太孫、皇太弟《こうたいてい》、皇太甥《こうたいせい》は、天皇の子、孫、弟、甥が、皇位継承順位の第一位となる時にそれぞれ付される称号である。

皇嗣《こうし》は「もうけのきみ」または「もうけのみや」とも読まれ、皇位を最優先に継承すべき順位にある皇族を指す。皇位継承資格の一番目に置かれるのは、「皇長子」すなわち天皇の嫡長男であり、皇太子である。ただし、必ずしも皇嗣イコール皇太子というわけではない。現行皇室典範においては、第八条で「皇嗣たる皇子を皇太子という。皇太子のないときは、皇嗣たる皇孫を皇太孫という」と規定されている。したがって、徳仁天皇には皇太子となるべき皇子がいないため、皇嗣となるのは皇弟の秋篠宮文仁親王である。

皇兄《こうけい》（天皇の兄）や皇伯叔父《こうはくしゆくふ》（天皇の伯父・叔父）は、天皇よりも年長の皇族であるが、理論上は皇位継承資格を有する。皇位継承は長幼の順に従うことを家憲とする天皇家において、なぜ皇兄という存在が想定されたのかというと、皇嗣に「精神若しくは身体の不治の重患があり、又は重大な事故があるとき」には皇位継承順位を変更できる（現行皇室典範第三条）との規定があったためであろう。

本居宣長《もとおりのりなが》の『古事記伝』によれば、「上古」（律令制以前を指すと思われる）において二名以上の皇嗣が同時期に存在することがあり、その場合は天皇がその中から一人を君主にふさわしい者として選び、皇位を継がせたという。[28] また、皇子孫以外の皇嗣に「皇太子」という呼称を用いることもあったようである。[29]

現行皇室典範での皇位継承順位については、第二条で次のように定められている。

①皇長子、②皇長孫、③その他の皇長子の子孫、④皇次子（天皇の次男）およびその子孫、⑤その他の皇子孫。

このように、皇長子を第一位とするというのが、現行法における皇位継承の規則である。そしてそれが「嫡出」の男系男子であることはいうまでもない。

戦後に家制度が廃止され、新民法において戸主という法的地位はその姿を消した。したがって、一般国民における家督相続という制度もなくなった。ところが続柄は、戸籍筆頭者との身分関係という意味に置き換えられ、戸籍の記載事項として残されている。

この続柄は、現代日本における家制度の残滓として「氏」と並び立つものである。家督相続が廃止された以上、戸籍に続柄を記載することには何の合理性もなくなった。にもかかわらず、婚外子を嫡出子と区別して表記し続けることにより、社会的差別の温床とさえなってきた（第5章第2節参照）。だが、天皇家においては、皇位継承という名の〝家督相続〟の順位を決めるために、続柄という序列は重要な意味をもち続けているのである。

朝鮮出身の王公族――大日本帝国における〝准皇族〟

大日本帝国には、天皇・皇族／臣民という絶対的区分のはざまで、〝準皇族〟という扱いを受ける人々がいた。日本の植民地となった朝鮮の王朝に出自をもつ「王族」「公族」がそれである。

日本が大韓帝国を併合する際に一九一〇年八月二二日に締結した「韓国併合ニ関スル条約」の第三条で、天皇は韓国皇帝、太皇帝、皇太子、その后妃および後裔《こうえい》について、「各《おのおの》其ノ地位ニ応シ相当ナル尊称威厳及名誉ヲ享有セシメ、且之《かつこれ》ヲ保持スルニ十分ナル歳費ヲ供給スヘキコトヲ約ス」ことと規定された。これに続いて同年八月二九日に、「前韓国皇帝ヲ冊《さく》シテ王ト為ス詔《しょう》書《しょ》」と「李堈《イガン》及李熹《イヒ》ヲ公ト為スノ詔書」がそれぞれ発せられた。

　これらの法令により、韓国皇帝の純宗《スンジョン》、太皇帝の高宗《コジュン》、皇后の尹《ユン》氏、皇太子の李垠《イウン》はそれぞれ王族に、李堈《イガン》（高宗の子）とその妃、李熹《イヒ》（高宗の兄）とその妃は公族に列せられた。王族の家系は「王家」、公族のそれは「公家《こうけ》」と呼ばれた。

　王族・公族は、華族より上位に置かれ、天皇との朝見が許されるなど、「皇族ノ礼」が与えられた。ただし、その待遇には王族と公族とで区別が設けられていた。例えば、王族のみ「殿下」の敬称が用いられ、また皇族と同様に刑法第七条に基づき、「不敬罪」が適用された。[30]

　朝鮮王族・公族という身分の創設は、一八八九年に皇室典範が制定された時には、当然のことながら想定されていなかった。王族・公族の法的地位は、皇室典範およびその他の皇室令とは別に一九二六年に制定された「王公家規範」（一九二六年皇室令第一七号）によって定められた。これにより王族・公族の地位は、原則として男系の嫡男が世襲することとされた。

　もっとも、「王公家規範」は皇室令の形式をとりながらも「典範」の語は用いず、「規範」を用いることによって、王公族と皇族との区別を示している。王族・公族は韓国皇帝の家系に属するとはいえ、日本政府からすれば征服された植民地の王朝に出自をもつ集団であり、その宗主国たる日本の一般国民よりは優位な処遇を用意するところまでが、日本政府が示しうる〝厚意〟であったのかもしれない。それだけでも、「内鮮一体」というプロパガンダを補強する材料としては有用であると認識していたのであろう。

なお王族・公族の身分登録については、戸籍ではなく「王公族譜」が編製された。

大日本帝国において、朝鮮人はすべて「帝国臣民」とされたが、戸籍は内地と区別され、一九二三年七月に施行された朝鮮戸籍令（一九二二年朝鮮総督府令第一五四号）に基づく朝鮮戸籍によって管理された。これは、朝鮮、台湾など植民地において、内地の法制度と相容れない慣習が顕著に見出せた状況に鑑みて、「旧慣尊重主義」の名の下に、植民地には内地とは別個の法令を施行するという日本政府の方針によったものである。

だが、王族・公族は皇族に準ずる待遇である以上、「臣民」と同じ朝鮮戸籍によってではなく、特別な「王公族譜」によって管理された。これは、一九二七年に制定された「王公族譜規程」（一九二七年宮内省令第一〇号）に基づくもので、王族譜・公族譜の二つから成っていた。王、そして王妃の欄がそれぞれ設けられ、王の欄には①名、②父、③母、④誕生した年月日時および場所、⑤命名の年月日、⑥襲系（世襲）した年月日、⑦結婚した年月日および王妃の名、⑧薨去《こうきょ》した年月日時および場所、⑨葬儀を行った年月日および墓所——などが登録された。王妃の欄の記載事項は、⑤を除いて王と同じであった（王公族譜規程第一三・一四条）。公族譜の登録事項も、王族譜に準ずるものとされた（同第三一条）。

王公族譜には「名」のみ記載するという原則は、氏姓をもたない天皇および皇族の身分を皇統譜に登録する際、「名」のみを記載するという慣例に倣ったものとみられる。だが、朝鮮近代史を専門とする新城道彦《しんじょう》によれば、これは朝鮮の慣習にそぐわないものであった。というのも、朝鮮では女性は父から受け継いだ姓をその「名」とすることが多く、王公族においてもそれは例外ではなかったからである。そこで、王公族女子については「尹氏」や「金氏」を「名」に相当するものとして記載することとなった。[31]

朝鮮統治を円滑に進めたい日本政府としては、朝鮮民衆の愛国心を惹起する目的もあって、朝鮮王公族の待遇を皇族と近いものとする〝優遇〟措置を講じたつもりであったが、朝鮮の「旧慣」と相容れず、その修正に苦心したわけである。

皇族の「失踪」――皇族が消息を絶つ時？

世の中には、忽然《こつぜん》と姿を消して生死も定かでないまま幾歳月が過ぎるというケースが絶えない。こうした消息不明者を「死亡」とみなし、その者の法律上の人格を抹消するのが、失踪宣告である。この制度が設けられたことで、残された配偶者の再婚や相続人の相続が可能となり、社会的にも公益をもたらすこととなった。

失踪宣告制度の端緒は一八七三年にある。同年五月に明治政府は、道府県に対して脱籍者および「行衛《ゆくえ》の知れさる者」で、家出から三年以上になる者については戸籍表の欄外に記載し、家出から三年以上の八〇歳以上になる者は戸籍から除くべきことを指令した。[32] つまり、「死亡」扱いによる戸籍からの抹消である。もし、誤って除籍となった場合、戸籍を回復するには就籍（戸籍のない日本人が戸籍を創設すること）の手続きをとらねばならなかった。[33]

失踪宣告の手続きは、明治民法によって法制化された。同法第三〇条第一項により、従来の住所および居所を去って生死不明のまま七年を経過した者に対して裁判所は、その配偶者や子など利害関係人の請求によって失踪の宣告を行うことが認められた。

さらには、「戦地ニ臨ンダ者、沈没シタ船舶ノ中ニ在《あ》ツタ者」など、死亡する可能性が高い危難に遭遇した者については、「危難ガ去ツタ時」（戦闘行為が全般的に終了した時など。死亡報告は基本的に「危難」が続いている状況にあることが前提である）から三年を過ぎて生死不明の者についても、失踪宣告が認められるようになった。

失踪が認定された者は〝この世に存在しない者〟として戸籍から抹消される。失踪宣告により除籍された者が生存していることが確認された時は、失踪宣告の取消しを裁判所に申し立て、これが認められれば戸籍訂正の手続きによって戸籍が回復される。

このような制度は、旧皇室典範体制下の皇族に対しても設けられていた。皇族身位令には「第三章　失踪」という章が置かれ、その第二一条で「皇族ノ生死不明ナルコト」が三年にわたる時は皇族会議および枢密顧問に諮詢し、勅旨により「失踪」を宣告すべきことが規定されていた。失踪宣告を受けた皇族は、三年の期間が満了した時に「薨去《こうきよ》シタルモノト看做《みな》ス」とされた（同第二二条）。失踪宣告により「死亡」とみなされた皇族が実は生存していることが判明した時には、勅旨によって宣告の取消しが行われた。

ここで注意しておきたいのは、失踪宣告制度の内容において、臣民と皇族の間には著しい区別が設けられていた点である。

第一は、失踪宣告取消しの効果である。明治民法において失踪宣告が取り消された場合、取消し前になされた法律行為（相続、配偶者の再婚など）はすべて無効となる。それに対して皇族の場合は、失踪宣告が取消しとなっても、その効果は、失踪宣告後の法律行為には及ばないと規定された（皇族身位令第二三条）。このため、ある皇族が失踪宣告を下された後に行われた践祚《せんそ》（天皇の位に就くこと）、改元、その他財産上の諸行為などは、いずれも成立したものとされた。[34] そのため、政治的・社会的な混乱を招かないよう、皇族の失踪の宣告および宣告取消しをする際には勅書（勅旨を文書にしたもの）が必要とされ、宮内大臣がこれを告示すること（同第二四条）により、国民に周知させることになっていた。

第二に、失踪宣告と戸籍および皇統譜との関係である。一般国民の場合は、失踪宣告を受けて「死亡」と認定されれば、戸籍から除籍される。一方、皇族については失踪宣告を受けても皇統譜から除籍されることはなく、その名前は残されたのである。これも、皇族の員数をできる限り確保しておきたいという政策的配慮からであろう。

第三に、失踪宣告の要件となる期間である。一般国民の場合、生死不明の期間が七年以上であるのに対し、皇族の場合は三年となっている。この四年の差がいかなる理由によるものかは、戦前の皇室法関係の解説書をみても、該当する説明が見当たらない。だが、皇族（特に男子）の身体は皇位継承権と不可分であり、それが消息不明となった場合、一般国民の場合よりも迅速な対処を迫られる。そのことが、この四年の差をもたらす理由であることは容易に察しがつく。

この三年という失踪宣告の要件は、皇族身位令第二二条の「戦時事変其ノ他ノ場合ニ於テ皇族、ノ生死不明ナルトキハ勅旨ヲ以テ其ノ財産ノ管理ニ付キ必要ナル処分ヲ命スヘシ」（傍点、引用者）との規定と関係があったと考えられる。この「戦時事変其ノ他ノ場合ニ於テ皇族ノ生死不明ナルトキ」というのは、明治民法における「戦地ニ臨ンダ者」に対する失踪宣告とほぼ同じ条件である。

とはいえ、皇族が「戦時事変」に際して戦場で生死不明となる機会などあり得るのか、という疑問が湧くかもしれない。これは、戦前の皇族男子は武官に任官するよう義務づけられていたことに由来している。

「富国強兵」の根本法規として一八七三年一月に徴兵令が公布施行されたことに伴い、「国民皆兵」の規範たるべく皇族は軍務に従事すべきものとされた。同年一二月に太政官達《だじょうかんたつし》が発せられ、「皇族自今《じこん》海陸軍に従事すべく」、皇族男子は年長者など一部を除いて、すべて陸海軍いずれかの軍人となることが義務づけられたのである。[35]

こうした中で、皇族軍人の戦地での殉難が実際に起きた。北白川宮能久《きたしらかわのみやよしひさ》（陸軍中将）の一件である。一八九五年四月、日清戦争に勝利した日本は清国から台湾を獲得したが、そこでは住民の根強い抵抗が続き、これを鎮圧するべく近衛師団長として出陣した北白川宮はマラリアに罹患し、一八九五年一〇月に台南で死亡している。

その一五年後に制定された皇族身位令では、皇太子および皇太孫が満一〇歳に達した時、親王および王であれば満一八歳に達した時（「特別ノ事由アル場合」は除く）、陸軍または海軍の武官に任官するよう義務づけられていた（第一七条）。同令において、皇族の失踪宣告に関する規定を設けたのは、皇族が戦地で生死不明になり得る状況が出来し、そのような場合には皇位継承の順序が変わり得るからであった。[36] 政府としても、皇太子を含めた皇族に武官任官を強いる以上、北白川宮のような最悪の事態も想定せざるを得なかったのである。

では、平時において皇族が「生死不明」となることはあり得たのであろうか。詰まるところそれは、移動の自由が皇族に認められていたかどうかに帰するであろう。

それで言えば、旧皇室典範の時代に皇族は、居住および移転の自由を制限されていた。皇族身位令の第四三条には「皇族ハ其ノ住所ヲ東京市内ニ定ムヘシ。但《ただ》シ必要アルトキハ勅許ヲ経テ他ニ住所ヲ定ムルコトヲ得」（傍点、引用者）と規定されていたので、一般国民のように居所不明となるような機会は極めて生じにくかった。

加えて、皇族が海外へ旅行に出る場合は、勅許を得なければならなかった（旧皇室典範第四三条）。しかも、皇族が実際に海外へ渡航する際には、侍従や警護の役目を担う者が同伴するのが通例であったから、そうした随行員の目の届かぬところで皇族が消息を絶つような可能性は極めて低かった。

なお、現行皇室典範では、皇族の失踪について明確な規定はないが、仮にそうした事態が生じた場合は、一般の民事法規に基づいて失踪宣告がなされる運びになっているという。[37] つまり、皇族が生死不明となる状況はそれだけ想定しにくくなったのであり、それには皇族の武官任官の義務が廃止されたことが大きいのであろう。

天皇家における成年の年齢

婚姻や契約をはじめとして、ある人の行為が法的に有効となるには、その意思能力が問われる。近代社会では、一定の年齢に達するまで、その人の法律上の行為を認めないとすることが、社会にとっても本人にとっても利益になると考えられているからである。当該年齢に達するまでの期間が「未成年期」である。明治以来、一般国民については、満二〇歳が成年とされてきた。

これに対して天皇、皇太子、皇太孫の成年は、満一八歳とされている（現行皇室典範第二二条）。天皇については、現行典範第一六条で、天皇が成年に達しない時、つまり天皇が一八歳未満の時は摂政を置くことが定められているが、これは旧皇室典範第一九条を引き継いだものである。旧典範では、天皇が未成年である時は、その保育にあたる「太傅《たいふ》」職を置くことが規定されていた（第二六条）が、一度も設置されることなく、現行典範で廃止されている。実際問題として、天皇の終身在位が義務づけられている以上、未成年での即位が行われる可能性は相当に低い。

現行皇室典範では、その他の皇族の成年年齢について特に規定はなく、民法の規定に基づいて一般国民と同じ満二〇歳をもって成年とされている。これは旧皇室典範の時から変わっていない

（旧皇室典範第一三・一四条）。

皇太子、皇太孫以外の皇族の成年を一八歳としなかった明確な理由は不明である。これについて、皇室制度の法理論的研究者である園部逸夫は、旧皇室典範制定過程の議論に鑑み、「例えば、天皇が一七歳の時に一八歳の皇族が摂政となることは適当ではない」ため、摂政就任順位が第一位である皇太子・皇太孫と、それ以外の皇族との成年年齢に二歳の差を設けたものと解釈している。[38]そうであるならば、天皇と摂政との「年の差」をある程度（少なくとも二歳以上）設けなければ体裁がよろしくないという、いわば儒教的な論理に拠って立つ規定ともいえよう。

旧典範の下では、皇族が成年に達したことで生じる権利としては、摂政に就任する権利、貴族院議員となる権利、皇族会議の議員となる権利、枢密院会議に参加する権利などがあった。いずれも、国政または国家機関に関与する権利であり、摂政就任以外は皇族男子に限られていた。もっとも、旧典範時代に実際に摂政が設置されたのは、大正天皇の病状が悪化したことにより、皇太子裕仁親王が一九二一年一一月から二六年一二月の践祚まで「摂政宮《せつしようのみや》」の名で天皇の代行役を務めた一例のみである。

旧典範時代に皇族に認められていた右の諸権利のうち、現行皇室典範においては、成年をもって摂政に就任する権利と皇室会議議員となる権利以外は廃止されており、成年年齢の意義を問う必要性はかなり低下した。

一般国民については、二〇一五年に選挙権年齢が一八歳に引き下げられ（施行は二〇二二年四月から)、成年年齢も、二〇一八年六月の民法改正(二〇一八年法律第五九号)により満一八歳に引き下げられ、天皇、皇太子、皇太孫と同じ成年年齢となった。これに伴い政府は二〇一六年秋に、「国民と成人年齢がそろうので皇室典範に記載する必要がない」との判断から、前述の天皇等の成年年齢を定めた皇室典範第二二条を削除する方針を立てていた。だが、二〇一八年二月に開かれた自民党法務部会などで「皇室への冒瀆《ぼうとく》だ」という激しい反発を受け、撤回に至ったという。[39] 明治憲法時代と違って皇室典範は一般法と同じ位置付けとなったことは前述したが、いまだにこれを「不磨の大典」として神聖視する議員が少なからずいるようである。

とまれ、天皇と同じ成年年齢となったことで、一般国民と天皇家との間に横たわる〝心の溝〟はいささかでも縮まるであろうか。

4 天皇家の養子——皇統を維持する術策

日本独特の養子制度——異姓でも「実子」に

いうまでもなく養子は、血縁的・生物学的な親子関係を何ら必要としない。「赤の他人」でも養子縁組をしさえすれば、「実子」と同等の地位を得る。

養子制度が国家に認められ、あるいは社会で根づいてきたのは、擬制であっても「家族」は成り立つということへの合意が形成されていたからであろう。

日本において養子制度が担ってきた意義は明確である。それは、家の継承者の確保に他ならない。家長に実子がいない場合に家を絶やさないため、他家の人間と擬制的な親子関係を成立させ、これを跡取りとするのである。

明治前期にお雇い外国人として来日し、明治天皇にもたびたび面会している米国人グリフィス(William Elliot Griffis)は、帰国後にまとめた著書『ミカド』(一九一五年)で、「日本の家の成り立ちは、西洋流の考えではぞっとするようなものである。西洋の社会組織では、養子縁組は珍しいエピソードで、例外的なことである」[40]と述べている。

西洋では基本的に養子(adoption)は、私生子や棄児を引き取って保護するという福祉的な目的からなされるもので[41]、日本におけるような、相続人の確保や祭祀の継承といった家の維持を主たる目的とするものではなかった。実際、日本でいうところの「養子」を英語圏の人に説明する時、"adoption"だけでは通じないようである[42]。

血縁を紐帯とする家族を純粋に追求するならば、養子制度は退けられてしかるべきである。孔子の『論語』に「其の鬼に非ずして之を祭るは諂《へつら》うなり」という言葉があるように、儒教においては血縁関係のない者が祖先の祭祀を掌《つかさど》るのは家族の本旨に沿わないものとされた。

したがって、伝統的に儒教が社会の思想的基盤となってきた中国や朝鮮では、同姓の者に限って養子とする「異姓不養」の慣習法が根強く残ってきた。このため、婚姻を契機に異姓の婿を

「嗣子《しし》」として家に招き入れることは論理的に不可能であった。[43]

養子が同姓ならばよいとする根拠は何であろうか。それは、「同姓」というものは祖先が共通の近親者であり、戸主に実子がなくその血統が絶えようとする時、せめて祖先の血統でつながる同姓の養子に家督と祭祀を継がせるべきであるとの考えから来ている。つまり、家の維持以上に、血統の維持に重きが置かれていたわけである。

日本では養子制度は、令制の下で法制化されたが、中国に倣って「異姓不養」が原則とされ、武士法においてもこれが受け継がれてきた。

明治期になってからも、異姓不養の原則は維持されていた。それを示すのが、一八七三年の太政官布告第二六三号である。この布告で家督相続人は、「惣領《そうりょう》ノ男子」であることが原則とされ、死亡や病気など、やむを得ない場合に限って二男以下または女子の相続を認め、それも無理な場合は、「血統ノ者」を養子とする形で相続を願い出るべきこととされた。もっとも、実際の運用では、同姓（同じ血統）に適当な者がいない場合に、それを理由として申し出れば、異姓の者を養子とすることは認められたようである。[44]

だが、明治民法では異姓不養の原則は放棄された。婿養子縁組という制度が採用された点（第七八八条二項）から、それは明らかである。この制度の下では、夫が妻の親との婿養子縁組をなすと同時に、夫は養親（つまり妻の親）の嫡出子たる身分を取得した（同第八六〇条）。その上、妻が法定推定家督相続人である場合は、その地位を夫に譲るものとされ（同第九七〇条）、女性は家において戸主たりうる能力を否定された。

このように、妻の実家の姓（氏）を異姓の婿に名乗らせるのみならず、婿を妻の父母の養子にして家督の相続および祭祀の継承を認めるというのは、「異姓不養」を鉄則とする中国の伝統的家族法からすれば認め難いものであった[45]。

米国の人類学者ルース・ベネディクト（Ruth Benedict）は『菊と刀』（一九四六年）において、独自の着眼点から日本の婿養子を取り上げている。

例えば、商人が自分の息子を武士の家に婿養子に出すと、婿養子は養父の相続人となる。だが、ベネディクトいわく、「彼は非常な犠牲を払う。彼の名は生家の戸籍から抹消され妻の家の戸籍に記入される。彼は妻の姓を名乗り、妻の家に行って養母とともに生活する。だが、犠牲は大きいが、利益もまた大きい。富裕な商人の息子は武士の身分となり、貧窮した武士の家族は富豪の縁者となる[46]」。

このような慣習についてベネディクトは、封建的身分制度が損なわれることはなく、むしろこの制度を巧みに用いることで上流階級の身分を獲得できる伝統的な方法であると指摘する[47]。先に述べたように、欧米では日本の「養子」は奇異な慣習と映るものであったが、ベネディクトが偏見にとらわれることなく戸籍と姓をめぐる日本の慣習を観察し、婿養子が妻の家（戸籍）に入って妻の姓を名乗ることは、婿養子にとって「犠牲」を払うものであったと理解している点は注目される。米国人である彼女の眼に日本の養子縁組は、名目的な血縁を功利主義的に利用したユニークな制度として映ったのであろう。

この養子制度からも明らかなように、日本の伝統的な家族制度において純血主義は、家の維持という目的よりも優先度の低い扱いとされるのである。

天皇家の養子――明治から禁じられた〝伝統〟

天皇家ともなれば、一般国民よりもはるかに純血を求められると考えられがちである。だが、養子は皇位の継承、つまりは家督の相続を円滑に進めるための手段として、ある意味で一般国民以上に駆使されてきた。天皇に皇子が生まれなかった場合、皇族の中から「猶子《ゆうし》」を迎えて皇子に準ずる地位に置く慣習があったのである。

「猶子」と「養子」は、他家から迎えた「子」という点では同じであるため、しばしば混同されがちである。「養子」は実子と同じ地位を与えられ、家督の相続権も与えられる。それに対して「猶子」は、「猶《な》ほ子のごとく（さながら子のように）」（『論語』）の意であり、あくまで名目的な「子」という位置づけにすぎず、家督相続の権利も与えられない。猶子が行われる主な目的は、官位や家格の上昇、あるいは他家との関係強化などにあった。例えば、関白の座をねらう羽柴秀吉が前関白・近衛前久《さきひさ》の猶子となって「藤原姓」を授けられ、「藤原朝臣秀吉」として天正一三（一五八五）年に関白の宣下を受けている。

だが、こうした「猶子」の概念は、天皇家にそのまま当てはまるわけではない。天皇家にとって「猶子」は、「皇子ニ準スルノ義ナリ」とされ[48]、皇胤《こういん》がいない非常時のための〝皇子予備軍〟として迎えられた存在である。つまり、いざという時には、猶子であっても親王宣下を受ければ正式に皇太子となるのである。その意味では、「養子」「猶子」の区分はなきに等しかった。

例えば、嵯峨天皇（第五二代）の子・源定《さだむ》が、嵯峨の異母弟である淳和天皇（第五三代）の猶子となった例や、源融《とおる》（嵯峨源氏の初代）が仁明《にんみょう》天皇（第五四代）の養子となった例などがある。特筆すべきは、家柄の低い侍妾が産んだ皇族を皇位に就けるために、天皇の皇后（中宮）の養子（ないし猶子）とするケースである。これには、二条天皇（第七八代）の庶出の皇子である順仁《のぶひと》親王が、二条の中宮である藤原育子《いくし》の養子となってからの践祚など、少なくない事例がある。[49]

一般国民の養子については、大宝令の戸令《こりょう》で、養子となった者は実父の戸籍から除き、養父の戸籍に入るものと定められていた。だが、皇族と臣家の間で養子を迎える場合、戸籍の扱いが同等となることはなかった。皇族が臣家の養子となった時は養家の姓を称したが、逆に臣家から天皇家の養子ないし猶子となった場合は皇族に列せられなかった。[50]

古くから続いてきた天皇家の養子という慣例は、明治期になって廃止された。旧皇室典範はその第四二条で、「皇族ハ養子ヲ為スコトヲ得ズ」と規定し、皇族も含めて、天皇家が養子をとることを一切禁じたのである。これに念を押すかのように旧典範第五八条では、「皇位継承ノ順序ハ総《すべ》テ実系ニ依ル。現在皇養子皇猶子又ハ他ノ継嗣タルノ故《ゆえ》ヲ以テ之《これ》ヲ混スルコトナシ」（傍点、引用者）と規定されている。

旧皇室典範の逐条的な政府解釈を記した『皇室典範義解』をみると、右の第四二条について「本条ハ、独《ひとり》異姓ニ於ケルノミナラス皇族互《たがい》ニ男女ノ養子ヲ為スコトヲ禁スルハ、宗系紊乱ノ門ヲ塞クナリ」[51]（傍点、引用者）とある。男系男子のみを皇位継承者とする以上、「異姓」たる臣民のみならず、同じ皇族からの養子をも許さないとするのは、「宗系紊乱《びんらん》ノ門ヲ塞《ふさ》グ」ため、つまり天皇家にあって「宗系」（直系）の血が傍系のそれと混淆《こんこう》することで「紊乱」が生ずるのを防ぐためであった。

法制史学者の高柳真三によれば、「養子制度は、明治の家族法に於て、古来の家族法的要請を最も多分に温存した部面であった」[52]。とするならば、家の維持のためには血統にこだわることなく、異姓の養子に家長の座を譲ることを明治政府が認めたのは、そうした「古来の家族法的要請」に明治政府が配慮したからであろう。だが、一般国民とは異なり、天皇家において、そうした血の混淆は許されなくなったわけである。

天皇家の養子禁止について、国政の場で議論が交わされた例もなくはない。明治民法改正を議題として一九一九年に設置された臨時法制審議会（第5章第2節で詳述する）で、この問題が取り上げられた（一九二五年五月二日第二三回）。

この審議会に出席した美濃部達吉は、「少《すくな》クトモ親族法上ノ関係ニ於キマシテハ、皇室法ト普通民法トハドウシテモ同一ナルコトヲ得ナイ」との考えに立ち、「皇室ハ万世一系ノ血統ト云フコトニ極メテ重キヲ置カレテ居リマスカラ、ソレガ為《た》メニ養子ト云フ制度モ置カレナイ、皇室ニ養子制度ガナイカラ臣下モ之《これ》ニ倣《なら》ツテ養子制度ヲ廃サナケレバナラヌト云フ議論ハ立タナイ[53]」と述べていた。

このように、明治以前までは天皇家も一般国民と同じく、血統をゆるがせにする養子制度を利用してきたのであるが、ことここに至って、「万世一系ノ血統」の維持という使命が天皇家にのしかかることとなる。

とはいえ、后妃《こうひ》に男子が生まれなければ、結局のところ、残された手は養子制度または一夫多妻制の復活か、男系男子主義の撤廃しかない。事実、側室制度を完全に廃止した昭和天皇であるが、皇后良子《ながこ》になかなか男子が生まれなかったため、元老西園寺公望が「皇室典範を改正して養子の制度を認むるの可否」を検討した際に、昭和天皇もこれに強い関心を示していた[54]。

現行皇室典範でも、その第九条で「天皇及び皇族は、養子をすることができない」と定め、旧典範の原則を継承している。血統を第一義とする建前と、血統を度外視して他家から養子を迎えてでも家を維持せんとする本音とが紡ぎ出す日本の家族法の伝統的原理は、一般国民のみを律するものとなったのである。

5　皇居の二つの顔——天皇の「住所」、国民の「本籍」

住所なき天皇家？

一般的な会話として、「今、どこに住んでいるの？」と尋ねられた時、「〇〇市」や「××区」など実際に住んでいる場所を自治体名で答えるのが通例である。それが本籍と同一であることは稀であろう。ただし、実際の居住地が社会的に公式の「住所」であると認められるか否かは、当該場所の住民票の有無によって決まる。選挙権や就学、社会保障の受給といった権利のほとんどが本籍とは無関係に、住所のある自治体で享受できるようになっている。

では、天皇・皇族の「住所」とは何であろうか。

旧皇室典範体制では、天皇家は原則として東京市に居住すべきであると定められていたことは先に述べた。であるなら、天皇家は東京市の「住民」であるかといえば、そうではないと解釈されていた。[55]このため、皇族の邸宅は外国公使館と同様に一般法の管轄外となり、市町村住民であることに基づく法律・命令（所得税法、小学校令など）も皇族には適用されないこととされた。[56]

そもそも「住民」とは一体、誰のことを指すのであろうか。明治憲法時代、「住民」の定義は市町村制に基づくものであった。市制（一九一一年法律第六八号）では「市内ニ住所ヲ有スル者ハ、其ノ市住民トス」（第六八条第一項）と定められ、町村制（一九一一年法律第六九号）でも、町村内に「住所」を有する者が「町村住民」であるとされた。ここでいう「住所」とは、「各人ノ生活ノ本拠」（明治民法第二一条）であると定義され、住所は地番により表示されるものとなった。

天皇家の「生活ノ本拠」たる皇居は、皇統譜の置き場所でもあることからすれば、観念的には天皇家の〝住所〟かつ〝本籍〟ということもできよう。

明治二（一八六九）年三月に明治天皇が入城した東京城（旧江戸城）はその名を「皇居」と変え、一八八八年には「宮城《きゅうじょう》」と改称された。だが、宮城の所在地には地番がなく、「東京市麴町区」までしか表記されていなかった。[57] それもそのはずである。天皇家は戸籍がないのであるから、皇居に地番を付けてこれが「本籍」であると世に示す必要はなかったのである。

天皇家はどこの「住民」か？

戸籍は元来、人々をその定住地に縛りつけておきたいという統治上の必要から編製されたものである（この点については第5章第4節でも述べる）。だが、人々はさまざまな事情から方々へ移動するものであり、国民の実際の居住地を戸籍でもってくまなく追跡することには限界があった。

国家としては、徴兵や治安維持の必要上、本籍以外の場所に居住する者の現住地を把握しなければならない。そこで制定されたのが寄留制度である。一九一四年に公布施行された寄留法（一九一四年法律第二七号）に基づき、本籍以外の地で九〇日以上生活している時、居住地の役所に

「寄留届」を出すことが義務づけられた。これによって、戸籍では追跡できない国民の居住地の変動を把握できるようになった。

この制度を母胎として戦後に生まれたのが、住民登録制度である。

一九五一年六月に公布された住民登録法（一九五一年法律第二一八号）は翌年七月に施行された。これにより、本籍の有無にかかわらず日本国民は住民登録の対象となり、登録した自治体から住民票を交付された。

だが、住民登録法施行令（一九五二年政令第一二三号）第一四条には、次のように明記されていた。

第一四条　左に掲げる者については、住民登録法を適用しない。

一、　天皇及び皇族

前述のように、戦後の法体制の下で、天皇および皇族には戸籍法が適用されないこととなったので、住民登録制度においても彼らは対象外とされたのである。

このため、天皇家の人間はみな住民票をもつことがない。この皇室除外主義は、住民登録法に代わって一九六七年七月に制定された住民基本台帳法（一九六七年法律第八一号）にも受け継がれた。同法第三九条に「政令で定める者については、適用しない」との規定があり、その「政令」

にあたる住民基本台帳法施行令第三三条には「法第三九条に規定する政令で定める者は、戸籍法の適用を受けない者とする」と定められている。

「戸籍法の適用を受けない者」とは、天皇・皇族と外国人に他ならない。だが、二〇〇九年の出入国管理法改正（二〇〇九年法律第七九号）により、従来の外国人登録制度が廃止され、一二年七月からは「在留カード」による外国人管理体制が新たに始まるとともに、外国人も住民基本台帳に登録され、住民票が交付されることとなった。

それに対して天皇および皇族は、東京都の「住民」ではないにもかかわらず、「住民税」は納めており。[58]一般国民と〝平等〟[59]に納税義務を負う体裁となっている。なお、「本邦に居住している者」（統計法〔二〇〇七年法律第五三号〕第五条）を対象とする国勢調査は天皇家にも実施されており、[60]彼らは日本国の「人口」に含まれている。

「千代田区千代田一番」――皇居に本籍を置く人々

現在、天皇家に住民票はないが、その住居には地番が付されている。天皇・皇后が住む皇居は「東京都千代田区千代田一番」であり、秋篠宮家その他の皇族が邸を構える赤坂御用地は「東京都港区元赤坂二丁目一番」である。

一般国民は、地番の付された場所であれば、任意に本籍を移動できることになっている。したがって、皇居のある地番に転籍することも可能である。

宮城は一九四八年に再び「皇居」へと改称され、その前年三月に麴町区と神田区とが合併されて新設された「千代田区」が、その所在地となった。だが、皇居に「住所」がない時代は依然として続いた。

一九五二年から住民登録制度が開始されると、皇居に住所がないことによって、思わぬ問題が生じた。皇居内の官舎に住む宮内庁職員などが住民登録をするには町名地番が必要となったのである。このため、いつしか皇居は便宜的に「東京都千代田区千代田一番」と呼ばれるようになり[61]、六七年四月一日からは皇居の住所として正式に表示されるようになった。この時期にそうなったのは、この年の一一月に住民基本台帳法が施行され、これに先立ち、同年四月一日から住所の適正な表記を目的として新たな住居表示（住所番号を街区符号「番」と住居番号「号」によって表示する）が始まったことによる。

皇居に自分の本籍を移そうとする日本人の行動原理について、ジャーナリストの上前《うえまえ》淳一郎は「本籍・千代田区千代田一番」（『潮』一九七六年二月号）で、示唆に富む考察を加えている。

上前によれば、一般国民が皇居に本籍を移した第一号は、一九六〇年に誕生した。その時、皇居への転籍の届出を受けた千代田区役所は仰天し、係長が飛んできて「なぜ畏れ多いことをするのか」と詰問したという。だが、届出人は「皇居でもどこでも、本籍は自由に置けるはずです。置いたって天皇陛下に迷惑はかからないでしょう。窓口で拒否するのなら、訴訟を起こします」と引き下がらなかった。対応に窮した区役所が法務省に照会したところ、法務省は「本籍地は、日本国の行政権の及ぶところなら、（中略）富士山頂でも離島でもかまわない、したがって皇居にしたいと届け出があれば拒否できない」との見解を示した。結局、この届出は受理され、新聞・雑誌がこれを報じると、右翼団体から届出人のところへ「不敬だ」との脅迫状が舞い込んだという。その一方で、それならば自分もと、皇居への転籍届を真似る人が相次いだのである。[62]

皇居に転籍した日本人第一号の苗字は、奇しくも「宮城《みやぎ》」であった。彼が皇居に本籍を置こうと考えたのは、「簡単で覚えやすい」という利便性と、「宮城」という自分の氏が「きゅうじょう」とも読めるという語呂合わせからであった。それから一五年を経た一九七五年になると、皇居に本籍を置く日本人は二三五人にのぼっていた。[63]

皇居に本籍を移した理由——崇拝よりも利便

一体、皇居に本籍を移した日本人は、どのような意図からそれを実行したのであろうか。この点について、皇居に本籍を置いている二三五人に対して上前が取材を試みたところ、八〇人から回答を得ている。そのうち興味深いものを抜粋しておこう（実名は伏せる）。

①「主人がしたんですよ。（中略）じつは、結婚する前によくデートしたのが皇居前のあそこの広場だったんですよ。その思い出のために、そこを本籍にしたんじゃないかしら。」（新宿区・女性・主婦・二六歳）

②「皇居に移したつもりはない。江戸城の中へ入れたんです」（横浜市・男性・会社員・三八歳）

③「なんてったって一番は最高だよ。そこに天皇が住んでるからなおいいじゃないの。天皇というのは、親父だと思ってる、小さいときから」（千代田区・男性・会社員・三八歳）

④「漠然と、皇居は日本の原点だ、心臓部なんだ、という意識があったと思います。だからといって天皇が神だとは考えてないけど」（板橋区・男性・会社員・三六歳）

⑤「皇居にしたのは、あんな素晴らしい場所を天皇がひとり占めするのは許せないと思ったからです。ささやかに参加して、神聖にして侵すべからざる場所を汚してやりたかったんですよ。」（鳩ヶ谷市・男性・会社役員・四二歳）

⑥「私は満州生まれで、日本に故郷といえる場所がない。だから本籍はどこでもいい。（中略）ただ、天皇制は国民を支配する手段として存在していたのだから、国民にとってないほうがいい、という感情はずっと持っていた。ひとつからかってやれ、という気持ちでしたことは確かだと思う」（船橋市・男性・会社員・三八歳）

⑦「父が皇宮警察官で、私が生まれたのも皇居の中だったし、皇族に内輪の人々のような親近感を家族全員が持っているからだ。（中略）天皇は象徴として崇められなければならない。そこに本籍があると考えるたびに、ある緊張感が身体じゅうを駆けめぐる。そのおかげで節度ある生活ができているのだと思う」（柏崎市・男性・喫茶店経営・三一歳）

⑧「何十年か何百年か先に、孫かその孫の時代になって、皇居が本籍になっていれば、ひょっとすると自分たちの先祖は皇族だったのか、と思うかもしれない。それが楽しみでね」（中野

区・男性・保険代理業・五七歳)[64]

本籍を皇居に置いた理由は、ここに挙げただけでも十人十色である。それでも、すべての回答をみると、その大半は「宮城」さんと同様、「覚えやすい」「職場に近い」といった利便性を重視しての転籍である。

そして天皇制に対する賛成派、反対派のいずれにせよ、「天皇」という存在を明確に意識して皇居を本籍とした例は少数派である。まして、天皇への崇拝や敬愛の念に駆られて皇居に転籍した例はさらに少ない。それどころか、そこが皇居であることを知らなかった人すらいた。つまり、これらの人々の大半は、そこが「皇居」だからではなく、「千代田区千代田一番」だから本籍を置いたのである。

本籍の記号化と脱・菊タブー

そもそも本籍は、一八七二年に編製された壬申戸籍で、現住地に地番を付し、そこを戸籍の登録地としたところから始まった。「新《あら》タニ戸籍ヲ編製スルトキハ必ラズ地番号ヲ用《もち》フベシ」[65]とされていたものの、地番のない土地に本籍を置いて「○○村」などと記載することも許されていた。[66]

明治初年にあっては、国民の間に本籍＝定住地というとらえ方がまだ成り立っており、基本的にその本籍は父祖の出身地にあることが多かった。そのため、祖先ゆかりの〝家のありか〟である本籍をむやみに移動してはならないという庶民の意識は今日以上に強かったはずである。ところが一九世紀末になると、日本社会の資本主義化に伴って農村人口が都市部へ流出するようになり、しだいに本籍は定住地や郷里から乖離していった。

産業構造の大規模な転換は、全国的に人口の移動先を都市部に向かわせた。これにより激しい人口の移転が生じ、戸籍の置き場所としての本籍はますます形骸化していった。こうした状況を受けて、戸籍では追跡できない国民の現住地を把握するために生まれたのが住民登録制度であったことは、先に述べた通りである。

先述の「皇居本籍化現象」について上前淳一郎は、それが一九六〇年代から始まったことに注目する。この時期の日本は高度経済成長を迎え、農業人口が減少するとともにホワイトカラーや工業分野に労働力が集中していく。故郷を出て都会に生活拠点を求める人々が続々と東京へ流れ込んでいった。その結果、全国人口の三分の一が東京および近郊に集中するという「流民化現象」が生じ、その「産物」として「皇居本籍化」志向が生じた、と上前はとらえる。[67] 事実、皇居に本籍を置く二三五人のうち、東京に住所があるのは一二二人で、それ以外も神奈川が二七人、千葉二七人、埼玉二三人であった。首都圏に居住するこの一九九人の前本籍としては、北海道、東北、九州が多かったという。[68]

戦前であれば、一般国民が皇居に本籍を置こうなどと考えれば、「不敬」として難じられたであろう。「現人神」でなくなった戦後においても、天皇という存在を禁忌とする風潮が霧消したわけでは決してない。皇居への転籍者の中にも、ここに本籍を置くのは「畏れ多い」「処罰されるんじゃないか」と躊躇した人がいる。運転中に追跡してきた警察官に免許証を見せろと言われて提示したところ、その本籍を見るなり、「世が世なら私どもなんか、口も利けないお方で……」と恐縮した挙げ句、放免してくれたという逸話もあるほどである。[69] その一方で、話題性やジョークの観点から、あるいは、一般国民と「同次元」に天皇を引きずり下ろそうという攻撃的な思想から、皇居への転籍を実行に移す人が相次いだのも事実である。

一九七三年からNHKが五年おきに実施しているものに「日本人の意識」調査がある。七三年度調査によれば、天皇に対して「好感をもっている」（二〇％）、「尊敬の念をもっている」（三三％）といった好意的な回答よりも、「特に何とも感じていない」（四三％）という回答が上回っていた。この「特に何とも感じていない」という回答は、昭和天皇の時代には毎回最多であったが、二〇一三年から減少に転じ、一八年は過去最低の二二％である。一方、「好感をもっている」は、平成に入って増加し始め、「尊敬の念をもっている」も八年度より増え出し、一八年度は最多回答にして過去最高の四一％となっている。[70]

天皇に対するこのような意識の変化が、一九六〇年代から続く「皇居本籍化現象」にも影響を与えている可能性はあるが、さりとて、記号と化して久しい本籍を介して天皇との紐帯を日常的に実感したいという国民がそう多いとは考えにくい。

現在、皇居の住所を本籍とする日本国民の数はどのくらいであろうか。千代田区役所戸籍係に問い合わせてみると（二〇一九年六月二五日）、戸籍は現在、電算化されているため、データが九九件を超えると正確な件数の把握はできないのだという。一九七五年当時、戸籍はまだ紙媒体であったので、原本をめくって本籍人口を数えることができたのである。近年、巷では「皇居に本籍を置く日本人は約二一〇〇人」との情報が出回っているが、[71]令和の天皇代替わりを機にその数がさらに増えている可能性は高い。

いずれにしても、行き着くところを知らない本籍の記号化は、戸籍そのものの形骸化を反映している。そして「皇居本籍化」の現象は、一般国民は皇室に触れてはならないという〝菊タブー〟が衰微し始めていることを物語っていよう。

6　天皇家は「日本国民」か

天皇家が「日本国民」たる証明は？

繰り返しになるが、戸籍は「日本人」であることを証明する公文書である。

一八七二年に編製された壬申戸籍では、その施行対象となる領域に住む華族から平民まで、すべてが「臣民」として戸籍に登録するものとされたのは既述の通りである。これは、日本国家による最初の法的な「日本人」の定義であった。

戸籍の創設は日本国籍をもつ者に限られるという〝純血主義〟を法文上宣明したのが、明治三一年戸籍法である。

第一七〇条　戸籍ハ戸籍吏ノ管轄地内ニ本籍ヲ定メタル者ニ付キ之《これ》ヲ作成ス
日本ノ国籍ヲ有セザル者ハ本籍ヲ定ムルコトヲ得ズ　（傍点、引用者）

これは、外国人と日本人の混合世帯が一つの家を構成する、つまり戸籍上、〝多国籍家族〟が生まれることを明確に否定する意図があり、家の〝純血〟を貫徹させるという趣旨から挿入されたものであった[72]。

このような、日本国家の礎となる家に属する者はすべて「日本人」でなければならないという純血主義思想は、明治民法が施行された翌年（一八九九年）に制定された国籍法（一八九九年法律第六六号、以下「旧国籍法」）にも明瞭に見て取ることができる。すなわち同法には、家の出入りに基づいて国籍が変わるとの規定が複数あったのである。

具体的には、①外国人は、日本人との婚姻や養子縁組などを通じて日本の家に入った時は日本国籍を取得する、②日本人は、外国人との婚姻や養子縁組などを通じて日本の家を出た時には日本国籍を喪失する、③日本人との婚姻などを通じて日本国籍となった元外国籍者が離婚や離縁によりその家を出る時は日本国籍を失う――などの規定があった[73]。これらは家族国籍一体主義を明文化したもので、当事者の自由意思とは無関係になされる国籍変更であった。近代日本の国籍法は〝家の原理〟による制約を受けていたのである。

そして、明治三一年の戸籍法第一七〇条第二項の「日本ノ国籍ヲ有セザル者ハ本籍ヲ定ムルコトヲ得ズ」という先に示した規定は、一九一四年の改正戸籍法の第九条「戸籍ハ市町村ノ区域内ニ本籍ヲ定メタル者ニ付戸主ヲ本トシテ一戸《いっこ》毎《ごと》ニ之ヲ編製ス」（傍点、引用者）という規定に一本化される形で削除された。この改正は、司法省の説明によれば「戸主ヲ本トシテト云フ文字ガアレバ、モハヤ外国人ト云フコトハ削ツテモ宜《よ》カラウ、ノミナラズ此《この》事ハ実ハ当然デアル」（傍点、引用者）[74]との認識を背景にしている。日本の家で外国人が戸主となることはあり得ないとの了解が前提となっていたのである。

かくして、島田鐵吉《てつきち》の『戸籍法正解』（一九二〇年）に、「日本ノ国籍ヲ有スル者ニ非《あら》サレハ日本ノ家ノ戸主又ハ家族タルコトヲ能《あた》ハサルカ故ニ戸籍ニ記載セラルヘキ者ハ日本ノ国籍ヲ有スル者ニ限ル[75]」とあるように、戸籍法を貫く純血主義は不文律として確立されたのである。

「上御一人」以外は「臣民」か？

繰り返しになるが、天皇および皇族は、日本国籍者であることの証明となる戸籍をもたないのが原則である。だからといって、天皇および皇族を一般にいう「無戸籍者」と同列にとらえるのは間違いである。「無戸籍者」とは、「日本人」として戸籍に記載されるべきであるにもかかわらず記載されていない者を指すのに対して、天皇および皇族は〝戸籍に記載されざる存在〟なのである。

では、「日本人」であることを証し立てる戸籍に決して記載されることのない天皇および皇族は、日本国籍者であるとみなすべきか否か。

明治憲法時代において天皇は「神聖不可侵の存在」であり、国民はその「臣民」にほかならない以上、「上御《かみご》一人《いちにん》」たる天皇は「臣民」には含まれないと考えるのは至極当然のことであった。そうすると、天皇以外の皇族は、天皇との関係でみれば「臣民」の地位にあるとの考えが出てきても不思議はない。

この点について美濃部達吉は、「天皇ハ上御一人トシテドウシテモ皇后陛下ト対等ノ地位デハナイ、皇后陛下ハ寧《むし》ロ臣下ノ地位ニアラセラレルノデアリマス[76]」と述べ、皇后ですら、天皇との関係では「臣下」に列せられると解していた。

また、憲法学者の野村淳治は、「現行法（明治憲法：引用者注）ノ解釈ニ於テモ皇族ヲ以テ臣民デアラセラレナイト認ムル見解モ有ル、他方ニ於テハ皇族ヲ以テ天皇ニ対スル関係ニ於テハ臣下、即《すなわ》チ天皇ノ支配ヲ受ケラレル統治ノ客体デアラセラレルト認ムル見解ガアルノデアル[77]」（傍点、引用者）と述べている。だが、そこに付された註をみると、「皇族ノ地位ニ就《つい》テハ天皇ニ対スル関係ニ於テハ臣民ト認メラレルガ一般臣民トノ関係ヨリ見レバ臣民デナイトイフ見解モアル故ニイヅレガ良イカハ各人ノ見解ニマツ[78]」（傍点、引用者）とある。このように当時の学界では、皇族が「臣民」に含まれるのかについても、結論を留保する立場が大半を占めていたようである。

憲法学者以外では、中等教育の公民科教材を解説した千葉敬止《けいし》の『生かすための公民科教授上巻』（一九三四年）に、次のような記述がみられる。「我が国に於ては、上御《かみ》一人の外は臣民である。而《しか》して臣民は（1）皇族（2）華族（3）士族（4）平民に分かれてゐる」。天皇すなわち「上御一人」は「現人神」に他ならず、「現人神」の後継者候補の段階にある皇族を天皇と同列に扱うのは畏れ多いと考えていたのである。ただし、皇族は皇室典範によって規定され、「一般の臣民と異なった地位特権を有せられる」点については、千葉も留意している。[79]

このように戦前は、天皇および皇族が、国籍でいうところの「国民」の地位にあるのか否かという議論は、憲法上の「臣民」という一語に囚《とら》われてしまったがために、どうしても法学的な方面よりも道徳的な方面に向かわざるを得なかった。

天皇家と国籍法の関係

日本国籍の有無という法的議論について考えてみれば、天皇および皇族は限りなく灰色の領域にあるといえよう。

皇位を継承する者は日本国民でなければならないとの明文規定は、憲法にも皇室典範にも存在しない。旧皇室典範の第一条には、「大日本国皇位ハ祖宗ノ皇統ニシテ男系ノ男子之ヲ継承ス」とある。この条文について『皇室典範義解』をみても、「祖宗ノ皇統トハ一系ノ正統ヲ承クル皇胤ヲ謂《い》フ[80]」とするのみで、「祖宗ノ皇統」に属する者の国籍は問題とされていない。

また、明治憲法は、その第一八条で「日本臣民タル要件ハ法律ノ定ムル所ニ依《よ》ル」と規定していた。ここでいう「法律」とは国籍法のことであるが、天皇は「日本臣民」には含まれない以上、国籍法が天皇に適用されることはないと考える他はない。皇族についても同様であろう。

旧皇室典範が成立してから一〇年後の一八九九年に制定された旧国籍法では、その第一条で「子ハ出生ノ時其《その》父カ日本人ナルトキハ之《これ》ヲ日本人トス」と規定され、父系血統主義が採用された。これが一九八四年まで維持された。

では、仮に天皇および皇族が「日本国籍」者であり、国籍法の適用を受けるとして、彼らの国籍が変わるような事態は起こり得るであろうか。

例えば、旧国籍法の第二〇条では、「自己ノ志望ニ依リテ外国ノ国籍ヲ取得シタル者ハ日本ノ国籍ヲ失フ」と規定されていた。つまり、外国に帰化すると日本国籍は自動的に失われるのである。これが、旧国籍法における日本国籍離脱の権利となった。

外国では、クーデターによる政変や王朝の滅亡に際して、国王や王族がやむなく第三国へ亡命し、受け入れ国の国籍を取得する事例もないではない。例えば、唐・新羅に征服された百済（六六〇年滅亡）、高句麗（六六八年滅亡）からは、いずれも王族が日本へ亡命し、天皇から氏を与えられて帰化している。

そうした非常事態ならともかく、皇族はもとより天皇が、現在の身分のまま外国へ帰化する可能性は、明治国家も想定していなかったであろう。かりに天皇をはじめとする皇族が日本国籍からの離脱を望んだとしても、そのような意思表示をすることすら、多大な困難に見舞われるであろうことは論を俟《ま》たない。

次に、前述した旧国籍法では、外国人との婚姻や養子縁組等による家の出入りの結果、個人の自由意思に関係なく国籍が変動するという規定があった。例えば、第一八条で「日本ノ女カ外国人ト婚姻ヲ為シタルトキハ日本ノ国籍ヲ失フ」とあるように、妻は夫の家に入るものという家制度の原理が、ここにも適用されたのである。

右の規定で言う「日本人ノ女」に皇族女子が含まれるとすれば、外国人と婚姻する時に皇族女子は日本国籍を失うこととなる。外国の王室では、外国籍の配偶者を王族が迎え入れる例は珍しいことではない。だが、日本において皇族の婚姻相手は、自分と同じ皇族か、あるいは勅旨によって認許された華族のみとされており、外国の王族と婚姻することは許されていなかった（第4章参照）。また養子縁組は、家督相続を目的として王が華族の養子となる場合に限るとされていた。そもそも、爵位を得て華族となる資格は「日本臣民」に限られていた（華族令第二条第一項）。

したがって、家の原理に基づく国籍変動規定が皇族に及ぶ可能性もまずなかったのであり、その国籍の帰属を論じる余地などなかったともいえる。

「ある意味で無国籍者」の天皇家

敗戦後に新たに制定された皇室典範の第一条では、「皇位は、皇統に属する男系の男子が、これを継承する」とされている。旧典範と同様、皇位継承資格は日本国籍者に限るということが不文律として確立しているとみてよい。

　明治憲法時代には、天皇が「日本国民」か否かを論じるのは「不敬」となりかねないという懸念が、学問的な議論を封殺していた。現行憲法での天皇の国籍をめぐる議論では、日本国籍の有無よりも、憲法の文言、とりわけ「第三章　国民の権利及義務」における「国民」に天皇が含まれるのか否かがその焦点となっていく。

　これについて政府見解はどうなのであろうか。一九四七年七月三一日の衆議院司法委員会で佐藤藤佐《とうすけ》政府委員（司法次官）は、憲法第一四条における「国民」概念に天皇は含まれるとの解釈を示しつつも、憲法第一条において天皇は「日本国の象徴」であり、「日本国民統合の象徴」という「特別なる地位」にあることを強調していた[81]。

　だが、当時の憲法学者の議論をみる限り、天皇は憲法上の「国民」に含まれると明言する事例は少ないようである。

　美濃部達吉の場合、現行憲法にいう「国民」と天皇および皇族の関係について、次のように述べている。「殊《こと》に新憲法第三章に国民の権利義務を規定して居《い》る所謂《いわゆる》「国民」は皇族を含まず、同章の規定が皇族に適用せられないことは、第一三条（現一四条：引用者注）の国民の平等に関する規定が当然皇族を除外した規定であることから見ても、更に疑《うたがい》を容れない所であ」り、新憲法が天皇に「国家の象徴としての世襲的栄誉権を保持したまふことを認め」た結果として、「其の御一家たる皇族も必然に一般国民とは法律上の地位を異にしたまふのである」[82]。

憲法が定める権利義務関係に鑑みれば、天皇および皇族は「国民」には含まれないとの解釈は俗耳に入りやすい議論であろう。

日本国憲法の基本的テキストとして今日、定着している芦部信喜の『憲法』をみると、「天皇・皇族も、日本の国籍を有する日本国民であり、人間であることに基づいて認められる権利は保障される」ものの、「どのような人権がどの程度保障されるかについては、個別的な検討が必要である」[83]として、本格的な検討は見送られている。

近年、天皇および皇族の国籍について比較的掘り下げた解釈を試みているのは初宿《しやけ》正典である。初宿は、天皇が「国民」であるか否かが「実際上、深刻な問題となることはほとんど考えられず、その意味ではどうでもよいことのようにも思える」としつつも、「天皇は国籍法や皇統譜令等の法令上の狭義における日本国籍を有してはおらず、その意味でも、日本国民ではないと言えよう」と述べる。そして、「皇族も国民ではなく、憲法が特殊な存在としてその地位を認めたものと解さざるをえないであろう」[84]との見解を示している。

憲法上の「国民」に天皇が含まれるとするならば、たしかに多くの矛盾が生じる。まず、現行憲法の条文における「日本国民」の英訳は、基本的には"Japanese people"である。これならば、まだ観念的な「日本国民」という意味を帯びており、そこに天皇も含まれるという解釈は可能であろう。

だが、憲法第一〇条の「日本国民たる要件は、法律でこれを定める」という規定における「日本国民」の英訳は“Japanese national”である。つまり、ここでは「日本国民」すなわち「日本国籍者」であることが強調されている。そして明治憲法での規定と同様、ここでいう「法律」とは国籍法のことを指す。一九五〇年七月に施行された新国籍法（一九五〇年法律第一四七号）は、その第一条で「日本国民たる要件は、この法律の定めるところによる」としている。同法には、天皇および皇族を適用外とするといった規定はないが、天皇および皇族が憲法上の「日本国民」に含まれないとすれば、これまで通り、国籍法の適用は受けないものとなろう。

逆に、天皇家の人々が日本国籍を有するとすれば、戸籍を決してもつことのない彼らの国籍は、何によって証明されるのであろうか。

国際的にみて、日本国籍の証明となる資料は旅券である。旅券法（一九五一年法律第二六七号）では、日本国籍を有する者に発給するとされ（第一八条第一項第一号）、その発行申請に必要な資料として戸籍の提出を定めている（第三条第一項第二号）。だが、天皇は外国を訪問する時は公務であるか否かを問わず、憲法上の地位に鑑みて旅券は発給されないこととなっており[85]、天皇が日本国籍であることはいかに証明されるのかという問題は不問とされている。

また、天皇および皇族について、例えば参政権のような「日本国民」固有の権利が保障されないことを説明する際、「天皇・皇族には戸籍法の適用がないから」という法技術的な理由で片づけられることもしばしばである。だが、天皇・皇族の選挙権に関する国会審議をみると、一九八

○年三月二七日の参議院内閣委員会では次のような応答がなされている。

和泉照雄（公明党）（前略）天皇及び皇族には選挙権はないというのが現在の取り扱いのようでございますが、その理由としては、公職選挙法附則第三項の「戸籍法の適用を受けない者の選挙権及び被選挙権は、当分の間、停止する。」という条文が根拠となっているのが一つの説明とされているようでございますが、しかしこれはあくまでも形式的な理由にすぎないと思われます。より実質的な理由は何なのか、お伺いをいたします。

味村治政府委員（内閣法制局第一部長）天皇は、日本国憲法によりまして日本国の象徴とされておられる方でございます。したがいまして、政治的に無色と申しますか、そういうことが要請されるわけでございまして、そういう意味から選挙権をお持ちになっていないというふうに解されるわけでございます。[86]（傍点、引用者）

天皇（おそらく皇族も含めて）の参政権が否定されるのは、彼らが「政治的に無色」であることが求められるため、というのが政府の見解とみてよい。つまりは、「国民」として享有すべき権利は政治的な配慮により半永久的に停止されている「国民」というのが、天皇および皇族の法的地位ということになろう。

天皇および皇族自身が、自分たちの国籍がどこに帰属するのか自問自答することがあっても不思議はないが、それを公言することはある種の〝政治的発言〟であるとされ、発言が阻まれる環境に彼らは置かれている。

その意味でいえば、『文藝春秋』一九七六年二月号に掲載された、高松宮宣仁《のぶひと》・喜久子夫妻、秩父宮勢津子《せつこ》、三笠宮寛仁《ともひと》の四人による座談会「皇族団欒」は、皇族の本音を聞くことができる貴重な記録である。特筆すべきは、皇室制度のあり方について、「個人」として率直な疑問と不平を吐露した三笠宮寛仁である。

例えば彼は、「僕なんか住民税まで払わされるわけよ。戸籍がないのに……。（略）伯父様（高松宮宣仁：引用者注）よくおっしゃるけど、われわれはある意味で無国籍者なんだな」「我々には基本的人権ってのはあんまりないんじゃない？[87]」（傍点、引用者）と発言し、戸籍がなく、公民権も与えられていない皇族の「無国籍者」意識を洩らす。

そもそも、天皇も皇族も「人間」である以上、自らの「国籍」が曖昧にされたまま、「国民」として保障されるべき人権を国家により否認されるという不条理を自覚したとしても、何ら不思議はないのである。

1——吉田孝『律令国家と古代の社会』岩波書店、一九八三年、二二四頁。
2——一八九六年一〇月一六日法典調査会。『民法議事速記録五』五〇四頁。法務大臣官房司法法制調査部監修『日本近代立法資料叢書五』商事法務研究会、一九八四年所収。
3——青木義人・大森政輔『戸籍法』日本評論社、一九八二年、四七頁。

4――井上久米雄『本邦古代氏姓の研究』永山徳四郎、一九二九年、二九‐三〇頁。
5――田崎仁義『王道天下之研究――支那古代政治思想及制度』内外出版印刷、一九三二年、一一五‐一二五頁。
6――皇典講究所 校閲［他］『帝国史略　中巻』牧野善兵衛、一八九四年、三六〇‐三六一頁。
7――豊田武『家系』東京堂出版、一九七八年、一五頁。
8――竹内理三『律令制と貴族政権』御茶の水書房、一九五七年、一〇四頁。
9――吉田、前掲書、四二七頁。
10――同上書、四三一頁。
11――前之園亮一『研究史　古代の姓』吉川弘文館、一九七六年、四‐五頁。
12――上杉慎吉『国体論』有斐閣、一九二五年、六八一頁。
13――第一〇二回国会参議院内閣委員会（一九八五年四月二日）における山本悟政府委員（宮内庁次長）の説明。『第一〇二回国会参議院内閣委員会会議録第七号』、九頁。
14――宮内庁書陵部編纂『皇室制度史料　皇族4』吉川弘文館、一九八六年、一頁。
15――姓氏研究会編『姓氏明鑑』姓氏研究会、一九二六年、三三頁。
16――井原頼明『皇室辞典』冨山房、一九三八年、四六‐四七頁。
17――宮澤俊義『皇室法』日本評論社、一九四〇年、三五頁。
18――和歌森太郎「日本における主権概念の変遷」『和歌森太郎著作集7　庶民の精神史』弘文堂、一九八一年所収、三六四頁。
19――穂積陳重著、穂積巌夫訳『祖先祭祀ト日本法律』有斐閣、一九一七年、一一〇‐一一一頁。
20――今泉定助『皇道講話』山洲堂書店、一九三四年、九五頁。
21――瀧川政次郎『日本法律思想の特質』日本法理研究会、一九四〇年、九‐一〇頁。
22――宮澤、前掲書、六頁。
23――有賀長雄『帝室制度稿本』日清印刷、一九一五年、六五頁。なお現行憲法上、皇族の身分関係に民法が適用されるかについては確立した見解がなく、宮内庁においては、皇族には戸籍法の適用が除外されている関係上、戸籍法に関わる民法の規定もおのずから適用が除外されるという解釈のようである。ただし、皇族女子が非皇族男子と婚姻する場合には民法第七三九条が適用されると解されている。「皇族の婚姻と皇統譜の登録等について」『戸籍』

第四八八号、一九八五年二月、八四-八五頁。
24――宮澤、前掲書、九頁。
25――園部逸夫『皇室法概論――皇室制度の法理と運用』第一法規出版、二〇〇二年、一一頁。なお、憲法学者の横田耕一は、明治憲法下の旧皇室典範と法的性質がまったく異なるにもかかわらず、同じ「皇室典範」という名称を用いているところに問題があり、「皇位継承法」とか「皇室法」と名付けるべきであったと述べている。横田耕一『憲法と天皇制』岩波新書、一九九〇年、一三頁。
26――美濃部達吉『新憲法概論』有斐閣、一九四七年、六七-六八頁。
27――竹島寛『王朝時代皇室史の研究』右文書院、一九三八年、一四三-一四四頁。
28――有賀、前掲書、五七頁。
29――同上書、五八-五九頁。
30――新城道彦『朝鮮王公族』中公新書、二〇一五年、五二頁。
31――同上書、二〇一五年、一四九-一五〇頁。
32――一八七三年五月二八日太政官布告第一七七号。外岡編『明治前期家族法資料』第一巻第一冊、一六九-一七〇頁。
33――臼井水城『戸籍法釈義〈第一篇〉』明法堂、一九〇二年、五一八頁。
34――酒巻、前掲書、五九頁。
35――小田部雄次『皇族』中公新書、二〇〇九年、四一頁。
36――有賀、前掲書、一一七頁。
37――一九四六年一二月一二日第九一回帝国議会衆議院皇室典範委員会における金森国務相の説明。『立法資料 1』、三四七頁。
38――園部、前掲書、二五四-二五五頁。
39――『朝日新聞』二〇一八年二月一六日付。
40――William Elliot Griffis, the Mikado: Institution and Person, 1915, W・E・グリフィス著、亀井俊介訳『ミカド――日本の内なる力』岩波文庫、一九九五年、三九頁。
41――青山道夫『養子』日本評論新社、一九五二年、第三章参照。

42——例えば、"adoption for the purpose of continuing the family line" などと表現しないと日本の「養子」の概念が伝わらないようである。Masataka Endo, *The State Construction of Japaneseness: The Koseki Registration System in Japan*, Melbourne: Trans Pacific Press, 2019.
43——滋賀秀三『中国家族法の原理』創文社、一九六七年、六一一頁。
44——高柳真三『明治家族法史』日本評論新社、一九五二年、七五頁。
45——仁井田陞『支那身分法史』東方文化学院、一九四二年、七三一-七三二頁。
46——ルース・ベネディクト著、長谷川松治訳『菊と刀』講談社学術文庫、二〇〇五年、九三頁。
47——同上。
48——伊藤博文編『秘書類纂　帝室制度資料　上』（以下、『帝室制度資料　上』）秘書類纂刊行会、一九三四年、七〇頁。
49——『皇室制度史料　皇族1』、吉川弘文館、一九八三年、一〇七頁。
50——同上書、一〇九頁。
51——『帝室制度資料　上』、七〇-七一頁。
52——高柳、前掲書、六九頁。
53——『臨時法制審議会総会議事速記録　諮問第一号』、臨時法制審議会、一九二五年、二二八頁。
54——小田部雄次『ミカドと女官——菊のカーテンの向こう側』恒文社、二〇〇一年、一四八-一四九頁。
55——有賀、前掲書、一五四頁。
56——同上。
57——能勢久雄『戦時常識』一号社、一九三七年、六頁。
58——一九八九年六月二〇日第一一四回国会参議院内閣委員会において、宮尾盤政府委員（宮内庁次長）は次のように説明している。「天皇陛下が住民税を納めておられるかということでございますが、（中略）不時の支出に備えてお持ちの資産とかあるいは資産にかかる若干の預貯金の利子だとか、あるいは御著書等があればその印税というようなものがございますので、そういうものにつきましては一般国民と同様に所得税、住民税というものをお納めになられているというふうに承知をいたしております」『第一一四国会参議院内閣委員会会議録第四号』、二五一頁。
59——ただし、皇族費および内廷費は所得税法（一九六五年法理地第三三号）により、非課税とされている（第九条

第一二項)。一九八七年五月二一日第一〇八回国会参議院大蔵委員会における大山綱明政府委員(大蔵大臣官房審議官)による説明。『第一〇八回国会参議院大蔵委員会会議録第五号』、七四頁。

60――一九七九年四月一七日第八七回国会衆議院内閣委員会における大濱忠志政府委員(内閣総理大臣官房総務審議官)による説明。『第八七回国会衆議院内閣委員会会議録第七号』、一五頁。

61――上前純一郎「本籍・千代田区千代田一番」『潮』一九七六年二月。上前『現代史の死角』新潮社、一九七八年所収。一三六頁。

62――同上。

63――同上。

64――すべての回答をみるならば、同上書、一三七―一七一頁。

65――臼井水城『戸籍法釈義』明法堂、一九〇五年、四九〇頁。

66――同上。

67――上前、前掲書、一四九―一五〇頁。

68――同上書、一五〇頁。

69――同上書、一四七頁。

70――NHK放送文化研究所ホームページ https://www.nhk.or.jp>bunken 二〇一九年七月閲覧。

71――『神戸新聞』二〇〇四年三月一三日。千代田区役所戸籍係によれば、この数字は、同区役所が取材に応じた時、戸籍が紙媒体であった時代を知る職員が、戸籍を保管するキャビネットの数の記憶から概算して答えたものであった。

72――遠藤正敬『戸籍と国籍の近現代史――民族・血統・日本人』、明石書店、二〇一三年、一四三頁。

73――同上書、九七―一〇三頁。

74――第三一回帝国議会衆議院「戸籍法改正法律案外三件委員会」第三回(一九一四年二月二八日)での山内確三郎(司法省参事官)の説明。『戸籍法改正寄留法制定理由』、六一頁。

75――島田鐵吉『戸籍法正解』法令審議会事務局、一九二〇年、二頁。

76――『臨時法制審議会総会議事速記録　諮問第1号』臨時法制審議会、一九二五年、二二八―二二九頁。

77――野村淳治『憲法講義』西北書院、一九三八年、二〇四頁。

78――同上書、二〇五頁。
79――千葉敬士『生かすための公民科教授　上巻』三元堂書店、一九三四年、四三頁。
80――『帝室制度資料　上』、四五頁。
81――『衆議院司法委員会会議録第九号』、一一〇頁。
82――美濃部『新憲法概論』、七一頁。
83――芦部信喜『憲法』岩波書店、八六頁。
84――初宿正典『憲法（2）基本編』成文堂、一九九六年、一六八頁。
85――一九七九年四月一七日第八七回国会衆議院内閣委員会における西方正直政府委員（外務大臣官房領事移住部旅券課長）の説明。『第八七回国会衆議院内閣委員会会議録第七号』、一〇一頁。
86――『第九一回国会参議院内閣委員会会議録第六号』、一三頁。
87――「皇室団欒」『文藝春秋』一九七六年二月号、二八五頁。

第2章

「皇統譜」とは何か——天皇家の系譜

1　皇統譜には何が書かれるのか

皇室の「血のリレー」をつなぐもの

世に数多《あまた》の名句を送り出した希代のジャーナリスト、大宅壮一は、天皇家の「万世一系」について、次のように評している。

「日本の皇室が〝万国無比〟として誇ってきたのは、（中略）網の目のように入りくんだ〝血〟のジャングルの中で、公称二千六百余年、百二十四代、ほんとは途中でずいぶん水増しされているにしても、少なくとも千数百年にわたり、系図の径をたどることができるという点である」[1]。

そして、「ジャングル」よろしく入りくんだ歴代天皇の「〝血〟はもっとも聖なるものとして守られてきた」ことを、大宅はオリンピックでの「聖火リレー」に例え、「途中で何人かわってリレーしてもいいが、絶対に消してはならないのである」[2]と言い表している。

大宅ならではの機知に富んだアイロニカルな表現であるが、二千数百年にわたって天皇家の血統を「系図」にしてまとめあげてきたところに、代々の権力者の才気や工夫の凄まじさを認めないわけにはいかない。

一般国民の場合、系図を作成する上での根拠となるのは戸籍である。戸籍には索引的機能と呼ばれるものがある。すなわち、現在の戸籍には古い戸籍（過去の本籍や家族関係など）が表示される仕組みになっている。

戸籍に記載されている者が婚姻や死亡により除籍されていき、ついに一人もいなくなったらその戸籍は〝お役御免〟となり、役所ではこれを「除籍簿」へと移す。この除籍簿は二〇一〇年五月の法務省通達により、保存期間が一五〇年に延長された（それまでは八〇年）。また、戸籍法の改正などによって戸籍の様式が改製されると、改製前の戸籍は「改製原戸籍」と呼ばれてこれも保存される。したがって、これらの除籍簿や改製原戸籍を駆使すれば、現在の戸籍から明治時代、場合によってはそれ以前の親族関係までたどることができる（ただし、壬申戸籍には差別的な記載が残っているため、一九六八年から閲覧禁止となった）。

一方、天皇家において「戸籍」に相当するのは「皇統譜」である。

天皇および皇族の出生、死亡、婚姻、離婚など、身分に関する情報は皇統譜に記載される。後述するように、皇統譜には、一般国民の戸籍にはない記載事項が数多くある。

さて、皇統譜に登録される者は、すべて皇族ということになるのであろうか。

戸籍の場合、血統上は「日本人」でなくても、そこに記載されていれば国籍上は「日本人」として扱われる。そのことは、戸籍法での棄児の扱いをみればよくわかる。父母不明の棄児が日本で発見されたら、発見者または発見の申告を受けた警察官は、二四時間以内に市区町村長に報告しなければならず、これを受けた市区町村長は棄児に氏名を与え、戸籍を編製する定めとなっている（現行戸籍法第五七条）。それが〝青い目〟や〝金髪〟の子であったとしても、戸籍に登録されれば「日本人」となるのである。まさに戸籍は、紙の上の「日本人」をつくり出すものといえる。[3]

一方、皇統譜は、「皇統譜に載ればそれが皇族になると云ふ考え方でなくて、皇族になつて居られる方を皇統譜に載せると云ふ考え方」[4]に立っている。戸籍が「日本人」であることを証明し、皇統譜が「皇族」であることを証明するものとすれば、どちらに登録されるかで、その個人が担う国家的役割は相当、異なってくる。

では、皇統譜とは一体、どのような内容をもち、どのように創られたのであろうか。

二〇世紀に法制化された皇統譜

皇統譜は、「神代」から連綿と続く「万世一系」の皇統の記録とされてきた。皇統譜は古代中国の帝政時代の「玉牒《ぎょくちょう》」と同じものとされる。[5]中国語で「玉」は「皇帝」、「牒」は「証明」を意味している。

「神代」から現在に続く天皇家の系譜というと、あたかも皇統譜は太古から存在するように思われるかもしれない。だが、皇統譜の記載内容や編製の手順などが法制化されたのは、一九二六年に制定された旧皇統譜令（一九二六年皇室令第六号）からである。

後述するように、難産を乗り越えて誕生した旧皇統譜令の第一条によって、皇統譜は「大統《たいとう》譜《ふ》」と「皇族譜」の二つから成るとされた。大統譜は天皇および皇后、皇太后、太皇太后について、皇族譜はそれ以外の皇族について、それぞれ登録するものである。

まず大統譜では、歴代天皇ごとに「門」を分けてその代数を掲げ、天皇と皇后の欄を別々に設ける。「門」とは、文章の「章節」における「章」のようなもので、一代天皇ごとに簿冊《ぼさつ》を設け、それぞれの簿冊の表紙に「第□代天皇」と記し、その天皇の欄を設けるというものであった。[6]

知られているように「万世一系」は、「記紀」（『古事記』および『日本書紀』）で語られる「神代」に端を発するとされる。旧皇統譜令はこうした神話にも配慮しており、その第三九条で「神代ノ大統ハ勅裁ヲ経テ大統譜ノ首部ニ登録スヘシ」とされ、神武帝よりも前の「神代」の皇祖については大統譜の冒頭に記載されることとなった。

ちなみに初代神武は、大統譜には次のように登録されている。

　御名
神日本磐余彦《かむやまといわれひこ》
　父母
父　彦波瀲《ひこなぎさ》武《たけう》鸕鷀《がや》草葺不合尊《ふきあえずのみこと》
母　彦波瀲武鸕鷀草葺不合尊妃玉依姫《たまよりひめ》命
　誕生

庚午《こうご》歳誕生ス
立太子《りったいし》
甲申《こうしん》歳太子ニ立ツ
即位
元年辛酉《しんゆう》正月壱日庚辰《こうしん》即位
崩御
七拾六年丙子《へいし》参月拾壱日甲辰陽暦四月三日崩御ス[7]

「神代」のことであるだけに、生年の「庚午歳」にしろ、没年の「七拾六年」にしろ、それらを西暦に直すといつになるのか、歴史学者など専門家の間でも確たる証拠がないため不明である。ただ、神武が即位した「元年」は、日本政府により「皇紀元年」とされ、そこから数えて「皇紀二千六百年」目が一九四〇年となっているので、この見解に基づけば、神武が即位したのは紀元前六六〇年となる。

次に皇族譜は、実父たる天皇（所出天皇）ごとに、「〇〇天皇所出皇族××」と書き記され、簿冊が作成される。その中で、同じ天皇を父とする親王、内親王、女王ごとに欄を設け、妃についてはそれたる天皇の簿冊に記載される。[8] 旧皇統譜令では、「立太子」（宣命により正式に皇太子を立てること）や「立太孫」（皇太子がいない場合に皇位を継承する皇太孫を宣命により正式に立てること）

のように、その身分に変動があった時には皇族譜に記載することとされていた。

現行の皇統譜令（一九四七年政令第一号）は、旧皇統譜令の内容をほぼ引き継いでおり、その第一条で「この政令に定めるものの外、皇統譜に関しては、当分の間、なお従前の例による」と規定されている。「従前の例」とは、「現在の日本国憲法のもとによって合法なる部分についてのみ」登録することであると説明されている。[9] したがって、現行皇室典範の下で皇統譜に記載する事項は、基本的に表2（次ページ）に示す通りである。

なお、旧典範第三二条には、「天皇支系ヨリ入《はい》テ大統ヲ承《う》クルトキハ皇兄弟姉妹ノ王女、王タル者ニ特ニ親王、内親王ノ号ヲ宣賜《せんし》ス」（傍点、引用者）との規定があった。「支系」とは、「宗系」すなわち直系に対する傍系を意味する。つまり、天皇の皇子孫ではなく皇兄弟の系統が「大統ヲ承クル」（皇位を継ぐ）時、その皇兄弟が親王または内親王の宣下を受けた年月日を記録したのである。

この「支系」という語は現行典範では用いられていないが、現在の徳仁天皇を「宗系」とすれば、皇弟にして皇嗣である秋篠宮文仁親王は「支系」となる。文仁親王が即位すれば、右の規定に従って皇統譜への登録がなされるのであろう。

また、旧典範時代には「禁治産者・準禁治産者」に関する制度が設けられていた。皇族において「蕩産《とうさん》ノ所行アルトキ」（旧典範第五三条）、「精神ニ重患アルトキ」（皇室財産令第二七・三一条）は禁治産宣告を、「精神ノ耗弱又ハ身体ニ重患アルトキ」は準禁治産宣告を、それぞれ勅旨によ

表2　現行の皇統譜における登録事項

	登録対象	主な登録事項
大統譜	天　皇	①名　②父　③母　④誕生の年月日時及場所 ⑤命名の年月日　⑥踐祚の年月日　⑦元号及改元の年月日 ⑧即位礼の年月日　⑨大嘗祭の年月日　⑩成年式の年月日 ⑪大婚の年月日及皇后の名　⑫崩御の年月日時及場所 ⑬追号及追号勅定の年月日　⑭大喪儀の年月日陵所及陵名 ⑮摂政を置いた時又は摂政の更迭があった時はその年月日及摂政の名、摂政を廃した時はその年月日 ⑯皇后崩御の年月日及皇后の名
大統譜	皇　后	①名　②父　③母　④誕生の年月日時及場所 ⑤命名の年月日　⑥大婚の年月日　⑦崩御の年月日時及場所 ⑧追号及追号勅定の年月日　⑨大喪儀の年月日陵所及陵名 ⑩親王・王が妃・皇后となった時はその年月日
皇族譜	親王 親王妃 内親王 王 王妃 女王	①名　②父　③母　④誕生の年月日時及場所 ⑤命名の年月日　⑥成年式の年月日 ⑦婚家の年月日及配偶者の名　⑧薨去の年月日時及場所 ⑨葬儀の年月日及墓所 ⑩立太子または立太孫の儀式を行った年月日 ⑪摂政に就任した時または摂政を更迭された時はその年月日

り行うことが認められていたのである。[10] これは、散財癖があったり、精神または身体に重度の疾患ありと認められた皇族を「無能力者」と認定し、選定された後見人や管財者にその財産を管理させる措置であった。

一般国民が、民法に基づく禁治産者または準禁治産者の宣告を裁判所から受けた場合、「無能力者」であることを証明するため、しかるべき宣告を受けた旨が戸籍に記載された（戸籍への記載は二〇〇〇年に廃止された）[11]。だが、皇族の場合、同じ宣告を受けても、その旨を皇統譜に記載するようには定められていなかった。天皇家の一員としての品位を考慮すれば、それも当然のことなのであろう。実際、かかる宣告が皇族に対してなされた例はない。なお、現行典範には禁治産・準禁治産宣告の規定はなく、かりに皇族の放蕩や道楽などにより、後見人を立てる必要が生じた時は、民法の規定に基づいて処理されることとなる。[12] 戸籍と同じく皇統譜でも正本・副本が作成され、宮内庁の尚蔵（保管する）の部局から正本を持ち出すことは禁じられている（皇統譜令第六条）。副本は、戦前は内大臣府が保管していたが、戦後は同府が廃止されたので、戸籍事務を所管する法務省が保管することとなった。

では、皇統譜に記載されたことは、すべてが信用に足るものなのであろうか。

旧皇統譜令においては、いったん皇統譜に登録された事項は、「最も権威あるものであるからその訂正の如きは慎重を期せねばならない」[13]とされていた。このため、登録事項に誤りを発見した時には、訂正の可否について皇族会議および枢密院顧問に諮詢することを奏請《そうせい》（天皇に許可を求めること）し、これらの会議で審議した上で、そこで出た答申について勅裁を得て、はじめて訂正が可能となった（旧皇統譜令第五条）。旧戸籍法（一九一四年法律第二六号）では、戸籍の訂正を要する場合、管轄区裁判所による裁判を経なければならず、皇統譜もそれに倣ったものとされるが[14]、天皇の裁可を経なければ訂正できないとすることで、皇統譜を権威づけようとする意図もうかがえる。

現行の皇統譜の登録は、基本的に宮内庁長官が行うものと定められている。特に「公布又は公告がない事項の登録」および「皇統譜の登録又は附記に錯誤を発見した場合の訂正」については、宮内庁長官が法務大臣と協議して行うこととされている（皇統譜令第三条第一・二項）。

なお、「皇統譜」を英訳する時、どのような訳語になるのであろうか。明治官僚が皇室典範を英訳するにあたり、翻訳が困難な日本独自の概念がいかに多いかを思い知らされて頭を掻きむしったであろうことは想像に難くない。

旧皇室典範の英訳をみてみると、第三四条「皇統譜及前条ニ関ル記録ハ図書寮ニ於テ尚蔵ス」は、次のようになっている。

Article 34 Genealogical and other records relating to the matters mentioned in the preceding Article shall be kept in the Imperial Household.（傍線、引用者）

「系図」を意味するのが"Genealogy"だから、"Genealogical and other records"は「皇統譜」と「記録」を表しているのであろう。皇統譜を保管する機関は宮内省図書寮であったが、これに相当する訳語が見当たらなかったのか、「皇室」を意味する"the Imperial Household"となっている。

現行の皇統譜令は、どのように英訳されているのであろうか。宮内庁ホームページによれば、「皇統譜」は"the Record of Imperial Lineage"と英訳されており、"Imperial Lineage"すなわち「皇統」の記録であることが強調されている。

2 「皇統譜」はいかにつくられたか

謎多き皇統譜、その発祥はいつか？

日本で「玉牒」に相当する皇統譜が、いつごろ生まれたのかは明らかではない。戦前に書かれた皇室関係の書物にあたっても、いつから皇統譜が宮廷で編纂され、保存されるようになったのかを明瞭に知り得る説明は、管見の限りみつからない。

天皇の系図の起源に関する記述として有名なのは、『古事記』の序文であろう。天武天皇が「朕聞く、「諸家の齎《も》てる帝紀と本辞といへり。既に正実に違《たが》ひ、多《おお》に虚偽を加ふ」と。今の時に当たり、其の失《あやまり》を改めずは、幾年を経ずして、其の旨滅びなむとす」と述べたと、編纂《へんさん》者の太安《おおのやす》万侶《まろ》が記している。ここに出てくる「帝紀」が天皇の系図であるとされるが、多くの豪族がこの帝紀を所蔵し、恣意的に手を加えていたため、その内容は誤謬と虚偽にあふれていた。そこで、誤りを正さなければ「皇統」の意義は失われるとの危機感を天武天皇が強く抱いたというわけである。

『古事記』の研究で名高い武田祐吉によれば、帝紀には①天皇の名、②皇居、③治世の年数、④后妃と皇子皇女、皇子皇女の事跡、⑤重要なる事跡、⑥崩御の年月日と年齢、⑦山陵（天皇・皇后などの墓）などが記載されていた。[15] だが、それも豪族たちの手で改竄《かいざん》されていたということを『古事記』は語っているのである。

一方、皇族の登録は、律令制の下では、宮内省に属する「正親司《おおきみのつかさ》」が管理していた。[16] 正親司は、皇族の「御名簿」をつかさどる役所であり、もとは「おほきむたちのつかさ」と読んだのを略して「おほきみのつかさ」と称するようになった。「おほきむたち」は、皇族を意味する。[17]

延喜（五九〇）年、律令の施行細則として編纂された『延喜式』には「凡《およ》そ親王諸王の名籍は、みな正親司において案記す」とあり、また天平九年（七三七年）から寛治七年（一〇九三年）までの法令を集めた『類聚符宣抄《るいじゅうふせんしょう》』には、「皇親籍三巻」が正親司の下にあると記述されている。[18] また、一一世紀頃に編纂されたとみられる法令集『類聚三代格《きゃく》』には、承和元（八三四）年以来、「王親籍」を作らなくなったという記述があり、[19] 親王とは区別して、諸王に関する登録簿として「王親籍」があったようである。

このように、古典籍によると、その名称にはばらつきがあるものの、天皇、皇族それぞれの系譜と身分登録簿が編製されていたことがうかがえる。

だが、『続日本後紀《しょくにほんこうき》』（貞観一一〈八六九〉年）に記された氏姓には虚偽や誤りがみられ、また「系譜」において皇親を詐称する者や、「皇胤」でありながら登録されていない者がいるというありさまなので、承和一三（八四六）年三月に仁明《にんみょう》天皇（第五四代）が、再調査してその真偽をただすように命じたという記述がある。[20]

「天皇系図」の改正を目的として編纂された『古事記』であるが、それが完成した後も、「玉牒」たる系譜に虚実が入り混じった状態は続いていたのである。

迷走する「御系図」づくり

国家建設のスローガンとして「神武創業」への回帰を掲げた明治国家では、正式な「皇統」の系譜を編纂することが国家事業となった。

まず明治三（一八七〇）年、太政官に「御系図取調掛《ごけいずとりしらべがかり》」が設置され、天皇歴代の「御系図」の編纂が始まった。[21] さらに、太政官制の最高機関として明治四（一八七一）年に創設された正院の歴史課（その後、修史局、修史館、内閣臨時修史部へと改称、改編される）が、その任に当たった。

だが、編纂事業は早くも立ち止まる。明治五（一八七二）年七月、歴史課はその前年に太政大臣に提出した「皇統系図」草稿の内容に関して、同大臣に訂正の「伺い」を出している。

その背景には、明治五年八月に学制が発布され、小学校教育が始まったことがある。そこで使用する教材である「小学校教則本」の一環として、文部省が「皇国史略」を編集することになったが、古典籍における歴代天皇の記述内容は一貫しておらず、整備する必要があった。その論点として正院歴史課は次の二点を挙げている。

第一に、「初代天皇」を誰とするかである。正院歴史課では当初、瓊瓊杵尊（ニニギノミコト）を第一代天皇として記録する方針であった。だが、神武以後の三代ですら「年紀等総《すべ》テ推考《すいこう》仕兼候《つかまつりかねそうろう》」状況であるから、ニニギノミコト、火折尊（ホオリノミコト）、鸕鷀草葺不合尊（ウガヤフキアエズノミコト）と続く三代は「神世」に属するものとし、神武を皇統の第一代と定めるべきことをここで提案していた。

第二に、神武以来の歴代天皇の公式名称、すなわち「本号」をどうするかである。ここで議論の対象となったのは、即位の真偽が長きにわたって議論されてきた大友皇子と大炊王《おおいのおう》である。明治三（一八七〇）年に政府が、それぞれの諡号《しごう》（死後につける諡《おくりな》のこと）を「第三九代弘文天皇」「第四七代淳仁天皇」とすることで、皇統の系図に二人は「天皇」としてその名が刻まれることとなった。これを受けて正院歴史課は、諡号をもって天皇の本号とすることとし、これ以外にも尊号があるものについては注意書きに回すことを要望したのである。[22]

このように、従来の「御系図」は精査を重ねるなかで真偽不明な部分が続々と出てきたため、正院歴史課は「御系図」を脱稿するにあたり「皇統系図ノ大本七ケ条」をまとめ、一八七四年四月に太政大臣に提出した。その背景には、前述した文部省小学校用の「略史」編集に加え、民間で刊行が相次ぐ「私史ノ著」で、皇統の「御歴代数尊号等異《こと》ニシテ一定セス、内外国人ニ対シテモ甚《はなは》だ御不体裁《ごふていさい》」であるという懸念があった。このため至急、太政大臣に回答を求めたのである。

つまり、歴代天皇に関する種々の「私史」が民間から刊行され、それぞれ「正史」と称して世に出回っているようでは、「外国」に対して天皇の正統性を示する上でも体裁が悪いという配慮もはたらいていたわけである。かくして同課が作成した「七ヶ条」は以下のような内容であった。

①神武天皇即位をもって「紀元」とされているが、「御系図」において「皇統第一代」はニニギノミコトとされている。「紀元」をいつとすべきか。

②南朝と北朝について、「御世系」（血統）は北朝から続くものであるが、北畠親房《きたばたけちかふさ》『神皇正統記《じんのうしようとうき》』や水戸藩の『大日本史』では南朝を正統としている点などから、南朝を「御正統」とし、北朝を「御世系」とすることでよいか。

③「飯豊姫尊《いいとよのひめみこ》」を皇統に加えるべきか否か。

④「長慶院」を太上天皇と認めるべきか。

⑤歴代の「尊号」をどのように統一すべきか。

⑥天皇在位期間をどのように統一すべきか。

⑦天皇系図の体裁をどのようにすべきか。

このうち③の「飯豊姫尊」は、「飯豊皇女《いいとよのひめみこ》（王女）」「飯豊青皇女《いいとよのあおのひめみこ》」と称されることが多く、清寧帝《せいねい》（第二二代）の没後（五世紀末？）に執政を行ったとされ、一二世紀末頃に完成したとみられる『扶桑略紀《ふそうりやくき》』などには「飯豊天皇」と記されていた。また、④の「長慶院」は、南朝の後村上天皇（第九七代）の皇子で、父帝が没した正平二三（一三六八）年に「第九八代長慶天皇」として即位したといわれてきた。両者とも、即位の真偽について論争が絶えなかった。

精密な歴史学的検討を要するこれらの問題について、正院では統一した見解をまとめることができず、皇統譜が法制化（一九二六年）されるまで、その論争は決着をみることがなかった。

正院は一八七七年に廃止となり、「御系図」編纂事業は、「立憲政体の詔書」に基づいて一八七五年に設立された元老院に引き継がれた。元老院の黒川真頼《まより》（権大書記生）と横山由清《よしきよ》（小書記官）がその任に当たり、『纂輯《さんしゆう》御系図』の上巻は一八七七年に、下巻は一八八一年に完成した。黒川、横山ともに一八二〇年代生まれで、幕末から国学を学んできた。古典籍の研究者として二人は、政府の修史事業のみならず、皇位継承法の起草にも関与していた[23]。

『纂輯御系図』の「凡例」をみると、この系図を作成するにあたって主に参考としたのは、後小松天皇（第一〇〇代）の勅命により応永三三（一四二六）年に完成した『皇胤昭運録』であることがわかる。これには「古刻本」と「新刻本」があり、ここでは「新刻本」、つまり増補改訂版（おそらく一六世紀以降のもの）を典拠としていた[24]。

皇統譜の〝完成〟はまだか

皇位継承法の確立を主目的とする皇室典範の制定に向けて、より精確な天皇家の系譜および身分登録を整備することが急務とされた。

だが、この『纂輯御系図』は、政府内では万全の出来とは評価されなかったようである。宮内卿の徳大寺実則《さねつね》は、一八八一年一月二四日付で宮内省系譜掛に対し、「御系譜」の担当官が詳明確実を期するのはもとより、編纂に着手してからすでに年数もたち、「此上《このうえ》遷延時日ヲ費《ついや》シ候《そうらい》テハ甚《はなはだもつて》以御不都合之事」であるゆえ、いっそう「協心勉励」し、「御歴代之分」を速やかに完成させるよう促している。[25]

帝国弘道館編『明治聖徳録』（一九一二年）によれば、「皇統譜」は「往々にして其《その》正否詳細を知るに由なくして、不完全なるもの少なからず」との評価であったため、明治天皇が調査機関を設けさせ、陵墓とあわせて「幾多の歳月と熱心な調査」が行われた。そして、「皇統譜も亦《また》文学博士井上頼国等が熱心忠実なる調査に依り、署《ほ》ほ（ぼ）其《その》正確を期するに至れりと云ふ[26]」と記されている。

井上頼圀《よりくに》は平田鐵胤《かねたね》（平田篤胤の養子にして後継者）に師事して国学を修め、『古事記』や和歌の研究者としても知られている。井上もまた、古典への造詣の深さを買われ、一八七七年に宮内省御系譜掛に奉職している。その後、八三年に宮内省御用掛、八六年に同省図書《ずしょ》属へと転じ、九四年には同省御系譜課長に任じられている。[27]

『明治聖徳録』にいう新設の「調査機関」とは、一八八四年八月に設置された宮内省図書寮を指すものであろうか。これは、「御系譜 並《ならびに》 帝室一切ノ記録ヲ編輯《へんしゅう》」（図書寮職制[28]）することを主務とする機関であった。図書寮の長官は図書頭《ずしょのかみ》と称され、井上毅が初代を務め、一九一六年には森鷗外も任命されている。

井上頼圀、黒川真頼、横山由清のように徳川時代に国学の門を叩いた者が、明治以降も天皇家にまつわる古典籍の専門家として重用され、皇統譜の編製という一大事業の中心を担ったわけである。ただし、『明治聖徳録』には、いつ頃「正確」な皇統譜が完成したのかは記されていない。

「皇国」の根本法規として一八八九年に成立した旧皇室典範であるが、皇統譜をめぐって、その制定過程でいかなる議論がみられたのであろうか。旧皇室典範の成立過程については、すでに島《しま》善高《よしたか》、小林宏、奥平康弘らによる総合的な研究[29]があるので、それらに依拠しつつ概観しておく。

まず、宮内省が一八八六年一月に立案した「第一稿皇室制規」で、皇位継承は男系第一とされ、状況次第で女系も認め、嫡出よりも劣位ながら、庶出の天皇も容認する方針が示された。[30]この「皇室制規」に対して井上毅は厳しく批判し（これについては後述）、それを受け入れて同年二月に「第二稿帝室典則」が立案された。ここで立法作業の中心を担ったのは、帝室制度取調委員会の委員長、柳原前光《やなぎわらさきみつ》（明治天皇の典侍柳原愛子の兄、つまり大正天皇の伯父である）であった。さらに柳原は、一八八七年一月一二日の日付がある「皇室法典初稿」を起草している。

この「皇室法典初稿」の第一三章には「皇族牒籍」の章が設けられ、第九九～一〇三条までがその関係条文となっている。第九九条には「皇族牒籍ハ元老院ニ於テ之ヲ所蔵セシメ皇位継承ノ本証トス」[31]との規定がある。宮内省ではなく元老院に「皇族牒籍」の管理を委ねている理由は説明されていないが、元老院議官が登録内容を審議し、正確を期する意図があったのであろう。

皇室典範草案をめぐる枢密院会議では、皇位継承資格、特に女帝容認や皇庶子の皇位継承に議論が集中した。それと同程度の重要性をもつはずの皇統譜については表立った議論もなく、全会一致で原案が可決され、[32]次の二つの条文となった。

第三三条　皇族ノ誕生命名婚嫁薨去《こうきょ》ハ宮内大臣之ヲ公告ス。
第三四条　皇統譜及前条ニ関ル記録ハ図書寮ニ於テ尚蔵ス。

ここにおいて、宮内省図書寮の職務に、皇統譜および皇族の身分登録の「尚蔵」（保管）が追加されている。

右の二カ条について、『皇室典範義解』をみると、「皇統譜及皇族記録ハ大統ノ源流ヲ徴明シ、宗室ノ本来ヲ疎証ス。本条特ニ之ヲ掲ゲテ皇室図書ノ登録ハ嫌疑ヲ定メ乱萌《らんほう》ヲ絶ツノ典籍タルコトヲ明《あきら》カニスルナリ」[33]と説明されている。皇統譜は「大統ノ源流」「宗室ノ本来」、すなわち日本国家の「宗家」たる皇統の本義を証明するものであるから、条文で皇統譜のことを規定したのは、従来の皇室の記録における「嫌疑」や「乱萌」（混乱のもと）を一掃し、その内容を整理するためであった。だが、皇統譜が真の〝完成〟をみるまでには、まだ長い道のりが続くのである。

天皇の「生母」とは？――系図にみえる複数の「母」

皇統譜を編纂する過程で、これまで「正史」に含まれていた「御系図」における数々の暗部が浮かび上がってくることとなる。「御系図」に出てくる歴代天皇の「国母《こくも》」の真偽もそのひとつであった。

そもそも「国母」とは、天皇の産みの母という意味である。だが、記録上は「国母」とされているものの、実際には天皇の生母でない例がしばしばあった。基本的にそれは、「庶出」の天皇の「国母」として記録された后妃である。一夫多妻制による皇統の維持が慣例となってきた以上、皇后以外の后妃または侍妾が天皇の生母となることは珍しくなかった。このため、より正確な「御系図」を作成するにあたり、「国母」の出自をどこまで詳細に記すべきかという問題が生じたのである。

天皇の「生母」に関する記録が特に議論となったのは、一八八〇年代後半の皇統譜編纂事業においてである。「御系図」作成の任に当たった宮内省図書寮では、歴代「生母」の身許の記載について疑問が噴出した。

一八八八年五月二一日、宮内省図書頭九鬼《くき》隆一を代理として、皇太后宮大夫《こうたいごうぐうだいぶ》（皇太后に関する事務を扱う皇太后宮職《しき》の長官）杉孫七郎から宮内大臣土方久元に対し、次のような伺いが提出されている。

歴代天皇において「庶出」であった者は「前朝ノ皇后中宮等ヲ国母ト仰キ奉ル旧例」であるから、従前の「御系図」には「御母ハ藤原某子実ハ何氏某之女」などと記載されているが、「実ハ誰某ト申ス時ハ国母ハ有名無実ナルコト明白ニ相分リ直《じか》ニ真実ノ御生母ヲ記シ候《そうろう》モ同様ニ御座候《ござそうろう》。乍去《さりながら》単ニ国母ノ御名ノミヲ挙ル時ハ事実歴史ニ相違イタシ信ヲ内外ニ取ルニ足ラス」（傍点、引用者）というのである。

要するに、これまで「藤原某子（なにがしのこ）」のように記載されることも多々あった「国母」は真実の生母ではない。よって、これをそのまま記載するのは、天皇家ひいては日本国家の「内外」に対する信用に関わるとの判断から、このたび編纂する皇統譜では「表面ナル国母ノミ」を記載すべきか、「真実ノ御生母ノミ」を記載すべきかを問い合わせるものであった[34]。

その二日後、宮内省内事課が出した回答は、「皇統譜ニハ国母ノミヲ掲載スヘシ。但《ただし》皇統譜徴（「徴」は草案の意味：引用者注）ニハ従前ノ如ク名実供《とも》ニ掲載スヘカラズ」というものであった。皇統譜には「国母」だけを載せ、「生母」は載せなくてよい、というわけである。従来の系図に「国母」と記されていても、必ずしもそれが生母を意味するとは限らないということは、皇統譜起草者の間では周知の事実であり、「国母」の出自を詳細に記載することは憚《はばか》られたのである。

記録にみられる歴代天皇の「母」には、「国母」だけでなく、「准国母」または「准母」「御母代《ごぼだい》」などの呼称がある。つまり、天皇の生母ではないものの、「母に准ずる」者という意味である。しかもこの「准母」は、「子」たる天皇の「皇后」でもあったという点で特異な存在であった。

その実例をみてみよう。白河天皇（第七二代）の皇女、媞子《やすこ》内親王は、寛治元（一〇八七）年に同母弟である堀河天皇（第七三代）の「准母」となり、かつ皇后に立てられた。ただし、これは「皇后」という資格のみの尊称であって、実際には「配偶者」ではなかった。つまり、天皇の実の「姉」が、名目上の「母」にして「妻」となったわけである。このような〝大役〟を担った媞子内親王は、死後に郁芳門院《いくほうもんいん》の尊号を贈られている。

表3　天皇の「准母」として皇后となった内親王

准　母	実　父	立后した年	「子」たる天皇（代数および即位時の年齢）	天皇との血縁関係
媞子内親王	白河天皇（第72代）	寛治元（1087）年	堀河天皇（第73代、8歳）	皇姉
令子内親王	同	長承3（1134）年	鳥羽天皇（第74代、5歳）	皇伯母
亮子内親王	後白河天皇（第77代）	寿永元（1182）年	安徳天皇（第81代、1歳）	皇伯母
範子内親王	高倉天皇（第80代）	建久9（1198）年	土御門天皇（第83代、3歳）	皇伯母
邦子内親王	守貞親王（後高倉院）	承久3（1221）年	後堀河天皇（第86代、10歳）	皇姉
利子内親王	同	天福元（1233）年	四条天皇（第87代、2歳）	皇伯母

この異例の「立后」は、姉媞子への堀河天皇の生母のごとき尊崇の念と、我が子媞子を寵愛する父白河上皇の意思によるものであったとされる。だが、同時期に書かれた藤原宗忠《むねただ》の日記『中右記《ちゅうゆうき》』によれば、白河上皇は後年、「帝母にあらず、帝妻にあらざる」者を皇后に立てたことを後悔し、伊勢神宮に謝罪したという。[35]

皇統譜編纂に携わった前出の井上頼圀によれば、媞子の「立后」以後、上皇の皇女を天皇の「准母」として皇后に立て、没後に院号を贈るということが始まった。[36]内親王が名目上の「皇后」となると同時に天皇の「准母」となった例は、宮内庁『皇室制度史料』をみる限り、六例が確認できる（表3）。最初の媞子内親王を除けば、いずれも元服以前の幼帝を支えるべく「准母」となったというのが、その趣旨とされる。だが、配偶関係にない皇后の冊立《さくりつ》（皇后の地位に就かせること）は、やがて、皇姉（天皇の姉）などを「内親王」として優遇する手段へと変化していった。[37]

いずれにしても、「国母」「生母」「准母」のように、天皇の「母」に幾通りもの呼称が存在したのは、天皇の出自を限りなく高貴なものとして記録しておく必要が常にあったということである。皇統の〝純潔性〟を演出するために系譜を粉飾するこうした手法をみると、いかに天皇家においては、一般国民の家族法とは異なる法理がはたらいていたかがわかるであろう。

3　何をもって「皇統譜」とするか

皇族に「籍」は禁句なり――「牒籍」をめぐる議論

第1章で述べたように、旧皇室典範においては、皇族の身分変動に関する規定に不十分な点が少なくなかった。例えば、皇族の離婚や臣下への養子などに起因する臣籍降下に関する規定が欠けていた。

そこで、宮内省内に臨時帝室制度取調局が一八八八年五月に設置され、同局が「皇族令案」の起草を担当し、この「皇族令案」に、皇族の家族法に関する規定を盛り込むこととなった。その陣頭に立ったのが、柳原前光であった。

一八八九年七月三〇日付で宮内大臣に提出された「第一柳原案皇族令」をみると、第二章は「牒籍」と題されている。

これに関係する条文は、次のようなものであった。

第一四条　皇族牒籍ハ皇族ノ身上ニ関ル事件ヲ登録ス。若《も》シ疑義ニ渉《わた》ルコトアルトキハ皇族会議ニ諮詢シテ之ヲ勅定ス。

第一五条　宮内大臣ハ毎年一月一日皇族牒籍ノ現状ニ依リ図書頭ヲシテ皇統譜ヲ校訂セシメ勅定ヲ請クヘシ。

第一六条　皇族ノ誕生命名婚姻薨去《こうきょ》離縁ハ即日最近親ノ皇族ヨリ其ノ事件ヲ録シ手署上奏ス。上奏書ニハ他ノ皇族一名以上連署スヘシ。

第一七条　皇族誕生又ハ薨去ノトキハ勅使及侍医ヲシテ臨検セシメ其ノ現況ヲ録シ連署復命セシム。[38]

ここでいう「皇族牒籍」は皇族一般の身分登録を指し、「皇族譜」にあたるものである。右の各条文から、一般国民の戸籍届出と同様に、出生・死亡・婚姻などの登録の手順が細かく規定されていることがわかる。

先にみた通り、旧皇室典範ではその第三六条で、皇統譜を編製することを定めるのみであった。これは、旧典範を制定した当時、皇室典範とは別に皇統譜に関する法令を定めることは想定していなかったためである。[39]

だが、それでは不十分だと柳原は判断したのであろう。「第一柳原案皇族令」の前文「皇族令大意」で次のように述べている。「今ヤ典範第一章ニ於テ皇位継承順序ヲ定メ万世不渝《ふゆ》（不変の意：引用者注）ノ基《もと》ヲ鞏《かた》クセラル」ところとなり、「皇族牒籍」は皇位継承順序を定める際の土台であり、これを厳正にしなくてはならない。皇族の誕生・死去は「皇位継承権ノ終始」であるから、これを勅使および侍医に臨検させるとともに、皇統譜は必ず「勅定」によるものとすることで、「皇位継承ノ順序ニ於テ万世紛議ヲ杜絶《とぜつ》センコトヲ希望ス」[40]というのがその意図であった。

続く「第二柳原案皇族令」では、「牒籍」に関する章は全七条（第九～一五条）となり、「第一案」よりも三条分、増えている。これにより、さらに詳細な規定がなされている。この「第二案」では、各条文に提案理由が付されており、第九条「皇族牒籍ハ皇族ノ身上ニ関ル事件ヲ登録ス」についてみると、「皇族牒籍」は「皇族ノ身分ヲ明証スル簿籍」であるとの説明が付されている。

「第二案」では、「皇族牒籍」の取り扱いを「第一案」よりもさらに厳格にしている点が目を引く。「皇族牒籍」の内容に疑義が生じたら、それが皇位継承順序に関係する時は皇族会議に加えて枢密院に諮詢すること（第一〇条）、「皇族牒籍」は皇族会議および枢密院の議決を経て勅許を得なければ改削《かいさく》できないこと（第一一条）などがそれである。皇位継承の順序を大きく左右する「皇族牒籍」にあっては、正確で信頼に足るものでなければならず、それには「一タヒ牒籍ニ登録スル事柄ハ改刪《かいさん》ヲ許サス。故ニ其ノ登録ヲ鄭重《ていちょう》ニスルコト」[41]と説いているのである。

この「第二案」に対して井上毅は、「皇族令ニ対スル意見」として、ほとんどの条文に修正要求をしている。とりわけ、「牒籍」の規定に対して、厳しい意見を述べている。

　まず、「皇族牒籍」という用語法について、井上は次のように注文をつけていた。柳原は、「皇統譜」と「皇族譜」とを合わせたものを「皇族牒籍」と称しているが、条文によれば「皇族牒籍」は皇族の身分登録であって、皇統譜（これを井上は「史乗の一体」（史実の記録）としている）とは関係がない。つまり、これは皇室典範の第三四条「皇統譜及前条ニ関《かかわ》ル記録ハ図書寮ニ於テ尚蔵ス」における「記録」（『皇室典範義解』では「皇族記録」）と「同物異称」であり、名称は統一されていなければならない。「記録」も「牒籍」も「普通ノ汎称《はんしょう》」であって、「固有の書名」ではない。「皇族籍」をもって「固有ノ書名」とするのが本意であれば、「皇族籍文字、亦《また》荘重ヲ示スニ足ラス。乃《すなわち》戸籍民籍地籍ノ籍ヲ襲用スルナリ。尊卑同様モ嫌《きらい》ナシトセス」[42]（傍点、引用者）。

　要するに、「皇族籍」という固有名詞に用いられている「籍」の字は、臣民の「戸籍」などと同じ意味であるから、「皇族籍」と称しては「尊卑」の別がつかなくなるではないか、という批判である。あくまで「戸籍」は「臣民簿」であるから、天皇家の身分登録にこの語を用いてしまうと、「君臣」の別が溶解するというわけである。

　このような井上の見解は、日本国家における「戸籍」というものが、天皇・皇族との関係においていかなる位置にあるべきかという、政治的本質を端的に示しているのである。

皇族は「一家」を持たず

その後、臨時帝室制度取調は一八九〇年一〇月に廃止となり、「皇族令」の起草は、宮内省御用掛にして皇族令取調委員であった矢野文雄に委ねられた。「矢野龍渓」のペンネームで小説家やジャーナリストとして活躍した人物である。

矢野の手になる「第三皇族令案註解」（一八九一年）では、「皇族牒籍」という名称は、旧皇室典範に従って「皇族記録」に改められた。

それとは別に争点となったのが、皇族における「家」の解釈である。

「第三皇族令案註解」では、第三条に「皇族ハ成年以上ノ男子ニシテ勅許ヲ得ルニ非《あら》サレハ新《あらた》ニ一家ヲ為スコトヲ得ス」、第四条に「皇族新ニ一家ヲ為ストキハ各《おのおの》其家号ヲ賜ヒ皇室所属ノ宮邸ヲ貸与ス」（傍点、引用者）とある。

第三条の註解によれば、「皇族一家ヲ為ス」とは家号、徽章（紋章）、皇族附属職員を有して「一戸」をなすことを指し、「皇族ハ本《もと》ト皇室ナル第一家ノ一部ナリ。故ニ一家ヲ為スモ皇室ヲ離レ別ニ一姓ヲ創起セシムルノ意味ニアラス」[43]（傍点、引用者）という。皇族が宮家を創設して「宮号」を称する時、「皇室ナル第一家ノ一部」たる皇族が新たに「姓」を創って独立の一家を立てていると誤解を招かないよう、注意を払っていたわけである。

だが、第一〇条では、「皇族記録」（すなわち皇族譜）に登録する際の手続きについて、「皇族ノ誕生命名縁組薨去《こうきょ》離縁ハ家主又ハ成年以上最近親ノ皇族男子ヨリ直《ただち》ニ宮内大臣ヲ経テ之ヲ奏上スヘシ」（傍点、引用者）として、宮家の家長を「家主」と称している。これではまるで天皇家のなかに個々の家が併存しているかのようである。あくまで皇族は「天皇家」の一部であるというイデオロギーを強調しつつも、実際には宮家を一つの家ととらえているのであり、そこには一般国民の「家」意識が反映されていよう。続く「第四最終案皇族令」では、「家主」は「父」に改められている。[44]

この前後に旧臨時帝室制度取調局委員が執筆したとみられる「皇族令ニ規定スヘキ重要ノ問題」と題した無記名の文書がある。ここには、「立家ノ事」について甲乙案が記されている。甲案には、「皇族ハ単ニ宮ノ称号ヲ賜フノ外、一家即チ一戸ヲ認メス」「家ヲ認メサレハ皇族ニハ家督相続ナク財産相続ノミアルヘシ」[45]とある。すなわち、「皇室ノ家憲上家ヲ認メス」というのが、皇族令の立案方針となったのであろう。この後にできる諸々《もろもろ》の皇室令には「家主」に類する語はみられない。

再三述べてきたように、天皇家は「私」を超越した一国の「宗家」であるから、宮家がいくつ誕生しようとも、それは天皇家において個々の「家」が分立していることを表すものではない、というのが天皇家の〝家憲〟なのである。

難産の末に生まれた皇統譜

宮内省図書寮では、一日も早い皇統譜の完成にむけて調査研究が進められ、一八九一年二月には皇統譜の書式と凡例が起草された。その冒頭に、「皇統譜ハ継承ノ所由世代ノ順序ヲ主トス」るのであって、「大統」を掲げることがその主意であり、皇族・後宮についてもそれぞれ系譜を編製するが、皇統譜には載せないとする方針が示された。[46]

だが、明治初年以来、「御系図」の編輯に際して争点となってきた「御歴代」の正否についてはまだ決着がついていなかった。図書寮が編輯した「皇統譜稿本」では、前述した弘文、淳仁の両人は歴代天皇に加える、南北朝については南朝を正統とする、これまで「第一五代天皇」とされてきた神功《じんぐう》皇后（第一四代仲哀《ちゅうあい》帝皇后）は歴代天皇から外す、などの方針が立てられたものの、飯豊青尊と長慶院の扱いはなお検討中とされていた。[47]

皇統譜の構成や様式もまだ確定していなかった。そこで、皇統譜に関する「内規」として一九〇三年に「凡例書式」が作成され、上奏された。そこでは皇統譜は「皇室籍」と「皇族籍」の二つから成るとされ、前者は天皇・皇后・直宮《じきみや》（皇子女、皇兄弟姉妹）を、後者はその他の皇族を登録することとされた。そのため、「天皇ノ家、各皇族ノ家トイフ如ク、家ノ観念ニ依ルモノノ如シ」[48]との印象が拭えなかった。

その上、明治天皇以前の皇統譜については、「皇統譜　皇帝」「皇統譜　皇后」「皇統譜　後《こう》宮《きゅう》」「皇統譜　皇親」という四種から構成され、それぞれ一八九五年、一八九七年、一九〇〇年、一九一六年の順に完成したが、これも系譜式であったため、誰の子が何人かといった「血脈ノ関係」を記すにとどまっていた[49]。

旧皇室典範の不備を補うべく、皇室諸法令の研究および制定に従事する機関として、一九一六年一一月に帝室制度審議会（伊東巳代治《みよじ》総裁）が宮内省に設置された[50]。一九一七年三月の総会で皇統譜令案の原案が議決されたが、その後、主査委員会からの修正意見が相次ぎ、「皇統譜を造るだけでも十人十色の見解がある[51]」状況であった。

例えば、宮内省図書頭山口鋭之助は一九一六年一二月五日に、宮内大臣波多野敬直《よしなお》に対して皇統譜の精査に関して上申した。皇統譜の編修はひとまず終えたものの、なお未解決の争点が多々あるため、きたる皇統譜令の施行に備えて、図書寮に「皇統譜料委員会」の設置を要請するものであった。

ここで、この「委員会ニ附議セラルヘキ事項」として挙げられているのは、「弘文天皇ヲ皇代ニ列スヘキヤ否ヤ」、「長慶院天皇ヲ皇代ニ列スヘキヤ否ヤ」、「飯豊青尊御称号ノ件 並《ならびに》 御墳墓称号ノ件[52]」など、従来から議論されてきたものばかりである。

とりわけ、南朝の第三代天皇と称されてきた「長慶院天皇」を皇統譜に載せるべきか否かは、「御系図」編纂事業を滞らせてきた厄介な争点であった。徳川光圀編纂の『大日本史』は長慶を「帝王本紀」に列したが、一八世紀末に塙保己《はなわほき》一《いち》が『花咲松《はなさくまつ》』を著してこれを論駁して以来、「正位」と記す日本史教科書も出てきた。そのため、「其《その》説両端ニ分《わか》レ百余年未《いま》タ帰著スル処《ところ》無シ[53]」という状況で、宮内省図書頭を悩ませていた。

だが、その在位を事実とする歴史学者・八代国治《くにじ》の綿密な実証研究が功を奏し、政府も正統な即位として公認するに至った。旧皇統譜令の施行に伴い、一九二六年一〇月二一日に「長慶天皇ヲ皇代ニ列セラルルノ詔書」が発せられ、在位について「其ノ事績明瞭ナルニ至レリ[54]」と宣明され、「第九八代長慶天皇」として皇統譜にその名を刻むこととなった。

また、南北朝の天皇の正統性問題については、旧皇統譜令第四二条により、光厳《こうごん》、光明《こうみょう》、崇光《すこう》、後《ご》光厳《こうごん》、後《ご》円融《えんゆう》という北朝方の五帝については大統譜には加えず、これに準じた簿冊に登録することとなった。代々の後宮については、中宮・尊称大后（皇后・中宮以外の后妃）・贈后《ぞうごう》（死後に皇后・皇太后・太皇太后の称号を贈られた者）は皇后に準じるものとし、それ以外の非皇族の後宮は「皇統譜ニ入ル余地ナシ[55]」とされた。

こうして「御歴代」の問題が整理され、帝室制度審議会が大詰めを迎えたところで、重大な事実が明るみに出た。初代神武から今上の第一二三代大正天皇に至るまでの、総合的な皇統譜は出来上がっていなかったのである。

思わぬことから事態は動いた。一九二四年六月一一日に開かれた第二特別委員会（第四回）で、皇統譜令案の逐条審議が行われた。既に述べたように、皇統譜は大統譜と皇族譜から成るとされた。ただし、原案の第四一条（成立後は第四〇条）における「従前ノ皇統譜ニ記載シタル事項ハ本令ノ規定ニ準シ勅裁ヲ経テ之ヲ本令ニ依ル皇統譜ニ登録スヘシ」（傍点、引用者）という文言にある「従前ノ皇統譜」とは何かが論議の的となった。

これについて、宮内省図書頭である杉栄三郎御用掛は、現在ある皇統譜は明治天皇以降の分までであることを明らかにしたのである。杉によれば、一九〇三年の凡例書式に基づいて編製された「現在の皇統譜以後ノ分」、すなわち前述した皇室籍・皇親籍は正式の皇統譜といってもよいが、それ以前（明治天皇以前）の分は正式な皇統譜とはいえない。つまり、明治三年以来、政府が編纂を進めてきた「御系図」は、皇統譜の「草案」の域を出ないものであった。[56]先に述べた「皇帝」「皇后」「後宮」「皇親」の四種からなる皇統譜にしても、完成にはほど遠い内容であった。

旧皇室典範において「皇統譜」の存在が明記されてからすでに三六年が経ち、ようやく皇統譜令の制定が目前に迫ってきた時のことである。初代神武からの皇統譜は当然にも存在すると思い込んでいた各委員にとって、杉の証言はまさに寝耳に水であった。岡野敬次郎委員などは、「然《しか》ラハ皇室典範制定以来、未タ皇統譜ハ作成シテ居ラサリシヤ」「此ノ点ニ付テハ初メテ聞キタルコトナルカ、自分ハ不完全ナカラモ皇統譜ハ従来アルモノト思ヒ居リタリ」と驚愕を隠せなかった。他の委員にしても、「然ラハ皇統譜令制定ノ上ハ全部作リナヲササルヘカラス。非常ノコトナラスヤ」（倉富勇三郎）、「御歴代位《くらい》ノ仕事ニテハナク大事業ナリ」（平沼騏《き》一郎《いちろう》）[57]と慨嘆をあらわにしていた。

だが、国家の立法をあずかる立場だけあって、審議委員たちは、転んでもただでは起きなかった。関屋貞三郎委員は「従来アルモノハ之《これ》ヲ相当ノ手続キヲ経テ皇統譜ト見ルノ外ナカルヘシ」[58]として、図書寮が編纂してきた「御系譜」をひとまず皇統譜「草案」という扱いとし、勅裁を得ることで、これを旧皇統譜令にいう「従前ノ皇統譜」と暫定的にみなすという苦肉の策を提案した。それに対して岡野も、この「御系譜」が〝Common Law〟であり、「実質的皇統譜」というべきであると賛意を表し、馬場瑛一《えいいち》委員も「権限アル官庁之《これ》ヲ記シアレハ完不完ハ別トシテ皇統譜ナラン」[59]と同じ結論であった。つまり、この段階で出来かけの「草案」を、出来不出来は二の次にして現在の「皇統譜」に見立てて、これに勅裁という〝お墨付き〟を得ればよし、という寸法である。ここに見出せるのは、正式の「皇統譜」がまぎれもなく存在するという既成事実をまずは内外に向けて拵《こしら》えておこうという便宜主義である。

かくして皇統譜は、「万世一系」の〝公式の記録〟として陽の目を見ることとなった。「御系譜」編纂が始まってから法制化まで半世紀の時間を要したという事実は、「皇統」なるものが、操作や粉飾などの便宜主義といかに不可分の関係にあったかを雄弁に物語っていよう。

1――大宅壮一『実録・天皇記』鱒書房、一九五二年、三頁。
2――同上書、三―四頁。
3――遠藤正敬『戸籍と無戸籍』人文書院、二〇一七年、第八章第三節。
4――一九四六年一〇月二二日臨時法制調査会第三回総会における井出成三幹事（内閣法制局第一部長）の説明。芦部信喜、高見勝利 編著『日本立法資料全集1　昭和22年　皇室典範』（以下、『立法資料　1』）信山社出版、一九九〇、九七頁。
5――有賀長雄『帝室制度稿本』日清印刷、一九一五年、六七頁。
6――同上書、一二〇頁。

7――『皇統譜存徵神武天皇大統譜昭和20年』宮内公文書館所蔵29504。
8――酒巻芳男『皇室制度講和』岩波書店、一九三四年、一二一頁。
9――参議院内閣委員会（一九七九年五月二九日）における山本悟政府委員（宮内庁次長）の説明。『第八七国会参議院内閣委員会会議録第一二号』、八頁。
10――有賀長雄『帝室制度稿本』日清印刷、一九一五年、二〇二-二〇四頁、宮澤俊義『皇室法』日本評論社、一九四〇年、四三-四四頁。
11――禁治産者・準禁治産者制度は二〇〇〇年より「制限行為能力者制度」へと改正され、「禁治産者」は「成年被後見人」、「準禁治産者」は「被保佐人」へとそれぞれ改称された。
12――一九四六年一二月一二日第九一回帝国議会衆議院皇室典範委員会における木村篤太郎司法大臣の説明。『立法資料1』、三五〇頁。
13――酒巻、前掲書、一一六頁。
14――一九二四年五月七日帝室制度審議会第二特別委員会における平沼騏一郎委員の説明。『帝室制度審議会第二特別委員会（皇統譜令案）議事要録（大正一三年五月七日於赤坂区葵町本会事務所）』宮内公文書館所蔵90547。
15――武田祐吉『古事記研究一帝紀攷』青磁社、一九四四年。
16――宮内庁書陵部編纂『皇室制度史料　皇族1』吉川弘文館、一九八三年、八一頁。
17――和田英松『官職要解』明治書院、一九二六年、一〇一頁。
18――『皇室制度史料　皇族1』、一〇四頁。
19――同上書、一〇五頁。
20――同上書、一〇五頁。
21――一九二四年五月七日帝室制度審議会第二特別委員会における杉栄三郎御用掛の説明。前掲『帝室制度審議会第二特別委員会（皇統譜令案）議事要録』。
22――『附録御歴代ノ代数年紀及院号ニ関スル調査ノ沿革資料　上（大正八年）』宮内庁公文書館所蔵九三六一七、八九頁。
23――藤田大誠『近代国学の研究』弘文堂、二〇〇七年、第六章参照。
24――新刻本より以降の数世の天皇については、『本朝皇胤続録』『本朝皇胤紹運続録』『本朝皇胤紹運録附録』等によって補足したという。横山由清、黒川真頼編『纂輯御系図 上』横山由清、一八七七年、凡例。

25——『附録御歴代ノ代数年紀及院号ニ関スル調査ノ沿革資料　上（大正八年）』頁なし。

26——帝国弘道館編『明治聖徳録』帝国弘道館、一九一二年、二二六‐二二七頁。

27——田中彦次郎編『明治肖像録』帝国史会、一八九八年、六〇頁。

28——『公文類聚・第八編・明治十七年・第一巻・政体・布告式・雑款、官職・官職総・職制章程・官等俸給』国立公文書館所蔵2‐11‐類166。

29——島善高『近代皇室制度の形成——明治皇室典範のできるまで』成文堂、一九九四年、小林宏・島善高編著『日本立法資料全集16　明治皇室典範　上』（以下、『立法資料16』）、信山社、一九九六年、奥平康弘『「萬世一系」の研究——「皇室典範的なるもの」への視座』岩波書店、二〇〇五年など。

30——奥平、前掲書（文庫下）、七二頁。

31——『立法資料16』、三七六頁

32——同上書、五八八頁。

33——伊藤博文編『秘書類纂　帝室制度資料　上』秘書類纂刊行会、一九三四年、六七‐六八頁。

34——前掲『附録御歴代ノ代数年紀及院号ニ関スル調査ノ沿革資料　上（大正八年）』三二五‐三三二頁。

35——宮内庁書陵部編纂『皇室制度史料　后妃1』吉川弘文館、一九八七年、二一二頁。

36——井上頼圀『己亥叢説　上巻』吉川半七、一八九九年、三九頁。ただし実際には、院号を贈られたのは媞子内親王—郁芳門院《いくほうもん》、範子内親王—坊門院、亮子内親王—殷富門院《いんぷもん》、邦子内親王—安嘉門院、利子内親王—式乾門院《しきけんもん》の五名であり、令子内親王には贈られていない。

37——『皇室制度史料　后妃1』、二〇〇‐二〇一頁。

38——小林宏・島善高編著『日本立法資料17　明治皇室典範　下』信山社、一九九七年、七〇五頁。

39——一九二四年五月七日帝室制度審議会第二特別委員会における二上兵治委員（枢密院書記官長）の説明。前掲『帝室制度審議会第二特別委員会（皇統譜令案）議事要録（大正一三年五月七日於赤坂区葵町本会事務所）』。

40——前掲『日本立法資料17』、七〇三頁。

41——同上書、七一二頁。

42——同上書、七一七‐七一八頁。

43――同上書、七二二頁。
44――同上書、七三一頁。
45――同上書、七三四―七三五頁。
46――「明治二十四年二月十六日宮内大臣ヨリ皇統譜凡例竝書式ニ付勅裁ヲ仰ギタル件」、前掲『附録御歴代ノ代数年紀及院号ニ関スル調査ノ沿革資料　下（大正八年）』宮内庁公文書館所蔵93618。
47――「皇統譜稿本中御歴代ニ関スル論点抄録表」、同上。
48――一九二四年五月七日帝室制度審議会第二特別委員会における杉栄三郎御用掛の説明。前掲『帝室制度審議会第二特別委員会（皇統譜令案）議事要録』。
49――同上。
50――帝室制度審議会における皇室法整備をめぐる先行研究としては、高久嶺之介「大正期皇室法令をめぐる紛争」（上・下）『社会科学』第三二号、一九八三年二月、同第三四号、一九八四年三月。西川誠「大正後期皇室制度整備と宮内省」『近代日本研究・年報』第二〇号、一九九八年一一月がある。
51――『大阪朝日新聞』一九二一年五月三〇日付。
52――「大正五年三月図書頭ヨリ皇統譜料調査委員会設置ノ儀ニ付宮内大臣ニ上申ノ件」。前掲『附録御歴代ノ代数年紀及院号ニ関スル調査ノ沿革資料　下（大正八年）』。
53――「長慶院太上天皇皇統ニ列セラレ度儀上申ノ件」（一八九〇年一二月二〇日宮内省図書頭児玉愛二郎より宮内大臣土方久元への伺い）、同上。
54――「長慶天皇ヲ皇代ニ列セラルルノ詔書正本」宮内公文書館所蔵49977。
55――一九二五年一一月二四日帝室制度審議会第二特別委員会における倉富勇三郎委員の説明。前掲、『帝室制度審議会第二特別委員会（皇統譜令案）議事要録』。
56――同上。
57――同上。
58――同上
59――同上。

第3章

「臣籍降下」の歴史

――「皇籍」と「臣籍」のあいだ

1　皇族が「臣籍降下」する時——旧皇室典範以降の場合

皇族の地位が一般国民へと変動することを、明治憲法および旧皇室典範の時代までは「臣籍降下」と称した。一人の、いや時には幾人もの人生を大きく左右するこの臣籍降下は、いかなる理由の下に生じるのであろうか。

前述のように旧皇室典範では、天皇および皇族の子は、何世であれ皇族とする「永世皇族制」が採用された。これにより、何世以下は臣籍降下させるといった、天皇との血縁関係に基づくかつてのような基準はなくなり、皇族の臣籍降下が生じるのは、皇族女子が一般国民と婚姻した場合（旧典範第四四条）のような限定的な理由によるものとなった。

だが、旧皇室典範には臣籍降下の基準や手続きは定められていなかった。このため、まず一九〇七年に「皇室典範増補」が、さらに一九一〇年に皇族身位令が制定され、臣籍降下に関するルールが設けられた。これらの法令によれば、もっぱら降下の対象となるのは王（五世以下の男子）であったが、王の臣籍降下はその自由意思（「情願」）に委ねられることとなっており、これでは皇族の範囲がさらに拡大するおそれすらあった。宮内大臣・波多野敬直《よしなお》も、皇族が増えすぎることは皇室の尊厳や皇室の財産上、「喜ぶべきことに非ず」[1]との憂慮を抱いていた。

そこで一定範囲の皇族の臣籍降下を確実なものとする基準を定めるべく、一九一九年に「皇族ノ降下ニ関スル施行準則」が帝室制度審議会において立案されたものの、皇族からの反対もあって皇族会議での採決は得られず、一九二〇年五月に「内規」という形で何とか成立をみた。この準則により、王による情願がない場合でも勅旨をもって、五世以下（長子は除く）の王はすべて臣籍降下することとなった。

以上の諸法令により、皇族の臣籍降下について、ひと通りの要件が定まった。旧皇室典範体制において臣籍降下の生じる理由として、以下の七通りがあった。

①賜姓降下

天皇家は「氏姓」をもたないのが万古不易の原則である。それゆえ、姓を天皇から授かった皇族は臣籍に降下する定めとなる（次節で詳述する）。旧皇室典範には賜姓降下についての規定はなかったが、旧皇室典範増補第一条において、王は勅旨または情願によって「家名（氏）」を与えられ、臣籍降下が許されることとなった。もっとも、皇族が降下した後の身分は、「臣民」のなかでも華族に限定された。

②内親王・女王の臣民との婚姻

皇族女子が臣籍降下する最も基本的な理由がこれであった。内親王および女王は、臣民との婚姻により、夫たる臣民の家すなわち臣籍に入ることとされた。これが「降嫁」と呼ばれるものであるが、次章で詳述する。

③他家の相続

皇族が華族の家の家督相続人となるか、または家督相続の目的から華族の家の養子となるケースである。天皇家を出て他家を相続するのであるから、華族の姓（氏）を称することとなる。ただし、他家の相続が許される皇族は王に限られ、しかも勅許が必要であった（旧皇室典範増補第二条）。まさしく家制度があった時代ならではの規定である。

④臣籍降下した夫または父への随従

王が前記の①または③によって臣籍降下した場合、その妻、直系卑属（当人よりも後の世代で、当人に直通する親族のことで、子、孫など。ただし、ここでは他の皇族と婚姻した女子およびその直系卑属を除く）、直系卑属の妻は、王が降下した家に入ることとなっていた（旧皇室典範増補第三条）。これは、当人の意思を問わずに執行される臣籍降下であり、家長の身分が変動すれば妻子はそれに付き従うという家父長制の論理に則ったものといえよう。

⑤皇族女子の離婚

これには二通りのパターンがあった。一つめは、皇族との婚姻によって臣籍から皇族となった女子が離婚した時、臣籍に降下する（旧皇室親族令第三三条）。よって、「臣籍降下」というよりも「臣籍復帰」と表現した方が正確であろう。これも、実家を出て婚家に入った妻が離婚したら実家に復籍するという家制度の規定とそっくり同じである。

二つめは、生来の皇族女子が夫たる皇族男子と離婚した時、その皇族女子の直系尊属（当人よりも前の世代で、当人に直通する親族のことで、父母、祖父母など）がすでに臣籍降下して一家を創立している場合は、当該女子は天皇家を出てその家に入るものとされた（同令第三二条）。この場合、離婚した皇族女子の〝実家〟は天皇家であるから、第一のパターンとはその趣旨が異なるものの、やはり「子ハ父ノ家ニ入ル」（明治民法第七三三条第一項）という家制度の原理を準用したものとみるべきであろう。

⑥臣民出身の寡妃《かひ》の情願による復籍

臣籍から皇族の妻となった者が夫に先立たれた時は、情願して勅許を得れば、臣籍である実家に復籍することが認められた（皇族身位令第三四条）。これは勅許を要件としている点で、強制的な臣籍降下となる⑤の場合とは異なる。つまり、臣籍出身で皇族の寡妃となった者が引き続き皇族の身分にとどまるという選択肢も認められたのである。一般国民の場合、夫婦のいずれかが死亡すれば婚姻関係は解消されるものの、死亡した配偶者の親などとの姻族関係までは解消されないので、妻は寡婦となった後も婚家にとどまった。ひとたび婚家に入った女子は、夫亡き後もその家に奉公し続けることを美風とするのは、「君臣」と変わるところがなかったといえる。

⑦懲戒

旧皇室典範の下では、天皇は皇族に対する懲戒権をもつことが認められていた（第5章第1節で詳述）。同典範第五二条では、「皇族其ノ品位ヲ辱ムルノ所行アリ又ハ皇室ニ対シ忠順ヲ欠クトキハ、勅旨ヲ以テ之ヲ懲戒シ、其ノ重キ者ハ皇族特権ノ一部又ハ全部ヲ停止シ若《もしく》ハ剝奪スヘシ」と規定されていた。これにより特権を剝奪された皇族は、勅旨をもって皇室会議または枢密顧問への諮詢を経て臣籍に降下する場合があった。

なお、懲戒により臣籍降下した皇族に妻があれば、妻も降下した夫の家に入ることとされた（旧皇室典範増補第四条）。皇族男子が臣籍降下したら、その妻も随従する形であった。つまり④のパターンと同じである。

もっとも、皇族が懲戒を受けた後に「改悛ノ状顕著ナルトキ」は、皇族会議の諮詢（ただし停権・剝権の解除については、枢密顧問官および宮内勅任官からなる三名以上の勅選委員が情状を審査した後に皇族会議に諮詢する）を経て、勅旨により懲戒の一部または全部を解除されることになっていた（皇族身位令第四〇～四二条）。だが、晴れて懲戒が解かれたとしても、皇族がひとたび臣籍に降下したら、皇籍に復帰することは旧皇室典範以降、不可能となった（本章第3節で述べる）ので、回復しうるのは名誉までで皇籍までは無理であった。

表4　明治以降における皇族男子の臣籍降下

皇族の名前	皇族としての続柄	降下の年月日	降下後の氏名（爵位）
家教王	伏見宮邦家親王第15男	1888年6月28日	渋谷家教（伯爵）
輝久王	北白川宮能久親王第4男	1910年7月20日	小松輝久（侯爵）
芳麿王	山階宮菊麿王第2男	1920年7月24日	山階芳麿（侯爵）
邦久王	久邇宮《くにのみや》邦彦王第2男	1926年12月7日	久邇邦久（侯爵）
博信王	伏見宮博恭王第3男	1926年12月7日	華頂博信（侯爵）
藤麿王	山階宮菊麿王第3男	1928年7月20日	筑波藤麿（侯爵）
萩麿王	同　第4男	1928年7月20日	鹿島萩麿（伯爵）
茂麿王	同　第5男	1929年12月24日	葛城茂麿（伯爵）
邦英王	久邇宮邦彦王第3男	1931年4月4日	東伏見邦英（伯爵）
博英王	伏見宮博恭王第4男	1936年4月1日	伏見博英（伯爵）
正彦王	朝香宮鳩彦《やすひこ》王第2男	1936年4月1日	音羽正彦（侯爵）
彰常王	東久邇宮稔彦《なるひこ》王第3男	1940年10月25日	栗田彰常（侯爵）
家彦王	久邇宮多嘉王第2男	1942年10月5日	宇治家彦（伯爵）
徳彦王	同　第3男	1943年6月7日	龍田徳彦（伯爵）

上述のような理由に基づき、旧皇室典範時代において皇族男子が臣籍降下した事例は、表4のようになる。いずれも③のパターンであり、⑦は皆無であった。

「臣籍降下」から「皇籍離脱」へ

序章で述べたように、戦後に新憲法が施行され、人権の享有主体が「臣民」から「国民」へと改められてから、「臣籍降下」の語は「皇籍離脱」の語に置き換えられた。

GHQは円滑な占領統治を進める上で、天皇には大きな利用価値があると判断し、昭和天皇の在位と天皇制の存続を容認したものの、「民主化」の一環として皇室制度にメスを入れることも怠らなかった。一九四五年一一月一八日に「皇室財産に関する件」、翌四六年五月二一日に「皇族に関する件」という計二通の覚書を発し、皇室財産を国有化等により大幅に縮小すること、皇族が天皇から支給される歳費、賜金《しきん》などを廃止することを指令した。これにより、数多くの皇族が経済的特権を失うことになり、財政的事情から臣籍降下を余儀なくされた。

一九四七年一〇月一三日、皇室会議で伏見宮、久邇宮など一一宮家五一名が皇籍を離脱することが決定された。この大量離脱に備えて、すでに同年九月に「皇族の身分を離れた者及び皇族となった者の戸籍に関する法律」が制定されていた。同法の第一条で、「皇室典範第一一条の規定により皇族の身分を離れた者については、新戸籍を編製する」と規定された。

現行皇室典範の下で皇族の皇籍離脱が生じる理由として、次のようなものがある。

①皇族女子の一般国民との婚姻

これは、現行法制で最も一般的な皇籍離脱の理由である。次章で詳述する。

②本人の意思（第一一条第一項）

一五歳以上の内親王、王および女王は、その意思に基づき、皇室会議の議により皇籍離脱が認められる。旧典範時代よりも、本人の意思による皇籍離脱が可能となる皇族の範囲が拡大されたわけである。親王がここで除外されているのは、皇位継承順位からいうと親王は一般的に王よりも上にあるので、親王が皇籍を離脱することは世襲制の観点から適当でないとの理由からであるとみられる。[2] したがって、皇太子および皇太孫が皇籍離脱の対象となることはない。

③やむを得ない特別の事由のある時（第一一条第二項）

親王、内親王、王および女王は、右の事由がある時には皇室会議の議により皇籍離脱が認められる。この「やむを得ない特別な事由」とは何かというと、政府の説明によれば「皇室としての品位を非常に傷つける場合」や「皇族が非常に増える場合」などである。[3] 後述するように、これは旧皇室典範体制において定められていた、天皇の皇族に対する「懲戒」制度の精神を引き継いだものといえよう。

④皇籍を離脱する親王・王への妃・直系卑属とその妃の随従（第一三条第一項）

③の理由によって親王・王が皇族の身分を失うと、その配偶者（親王妃・王妃）は皇籍離脱の要件（第一三条）である「天皇及び皇族以外の者と婚姻したとき」に該当すると解釈される。[4] よって、「夫唱婦随」の精神に基づき、妻は夫に随従して皇籍を離脱するのが自然とされるわけである。

ただし、直系卑属およびその妃については、皇室会議の議により皇籍を離脱しなくてすむ場合もある（同第一三条第二項）。これは、皇位継承資格者の確保という観点から、直系卑属の皇籍離脱について配慮する余地を残したものと考えられる。[5] 皇籍離脱する直系尊属との血縁関係よりも、現在の皇族との婚姻関係を重視したものであろう。また、皇籍離脱する親王、王の直系卑属のう

表5　新旧皇室法における皇籍離脱の条件

	旧皇室典範時代	現行皇室典範時代
皇族降下の条件	①賜姓（勅旨または情願による） ②内親王・女王の臣民との婚姻 ③他家（華族）の相続 ④臣籍降下した夫または父への随従 ⑤非皇族出身の皇族女子の離婚 ⑥離婚した皇族女子に、臣籍降下した直系尊属の創立した家がある時 ⑦臣民出身の寡妃の情願による復籍 ⑧懲戒	①皇族女子の非皇族との婚姻 ②15歳以上の内親王・王・女王の意思 ③親王・王・女王の「やむをえない事情」のある時 ④皇籍を離脱する親王・王への妃・直系卑属とその妃の随従 ⑤非皇族出身の寡妃の意思 ⑥非皇族出身の皇族女子の離婚

ち、皇族と婚姻した女子およびその直系卑属は「皇族の配偶者及びその直系卑属」であるから、皇籍離脱の対象外となる。

⑤非皇族出身の寡妃の意思（第一四条第一項）

一般国民で皇族との婚姻によって皇族の身分を取得した者は、夫を失って寡妃となっても原則として皇族にとどまるが、本人の意思により皇籍を離脱することができるのである。旧典範では寡妃の皇籍離脱には勅許が必要とされていたが、この場合、皇室会議の議は必要ではなく、仮に亡夫との間に一五歳未満の子があったとしても、その母たる寡妃が希望すれば皇籍の離脱が認められる。[6]

⑥非皇族出身の皇族女子の離婚（第一四条第三項）

旧典範時代と同様、生まれながらの皇族でない者は、皇籍に入った条件すなわち皇族との婚姻関係が解消した時は、自動的に皇籍を失う。たとえ離婚の原因が親王または王の側にある場合でも、離婚によって天皇家を出るのは妻の側である。

そして、それぞれの理由によって皇族の身分を失った者は、新たに戸籍を編製することとなる。④のように夫婦・親子で同時に皇籍離脱した場合は、離脱した元皇族の新戸籍にその配偶者と子が入ることとなる。[7]

ここで、新旧皇室典範の下で皇族の臣籍降下が発生する理由をまとめると、表5の通りである。

2 「賜姓降下」のもつ意味――「氏姓」は臣民の証し

「賜姓」は降下なり――天皇家の人員整理

前述のように、天皇家は氏姓をもたないことが、その神聖性、換言すれば超庶民性の由来となっている。そして氏姓は天皇が臣民に「賜る」ものであるから、皇族が氏姓をもつことになれば、天皇家を去り、「臣民」として戸籍に記載されること、すなわち「臣籍」に降下することを意味する。これが「賜姓降下」といわれるものである。

ただし、前章で述べたように、日本において「氏」と「姓」は混同されがちな概念なので、いま一度整理しておきたい。

古代日本において、「氏（ウジ）」は血縁に由来する集団を示すものであり、姓（カバネ）」は氏に基づいて与えられる、臣下としての身分・位階を示すものであった。例えば、「源氏」という場合、「氏」は「源《みなもと》」であり、「姓」は朝廷から授けられた「朝臣《あそん》」である。したがって、「源」を公式に名乗ることは「氏＝源」「姓＝朝臣」の両方を天皇から「賜ったこと」を意味するので、正しくは「賜氏姓」ということになる。なぜこれを一般に「賜姓」と称するのかといえば、氏族や家名の意味合いが強い「氏」よりも、「君臣」「尊卑」の別を表示する標識としての「姓」を重視していたためではないか。しばしば、「源姓《みなもとせい》」「藤原姓《ふじわらせい》」などと呼ぶこともあるが、この場合も「朝臣」という位階と、それを世襲する血統を強調した呼称といえる。

賜姓降下する皇族の範囲は時代によって異なるが、天皇との血縁関係の遠近が重要な基準とされてきたのは確かである。

ここで、賜姓降下の歴史と密接な関わりのある問題として、「親王」なる身分が創られた経緯に触れておかなくてはならない。

大宝元（七〇一）年に制定された大宝令のなかの継嗣令《けいしりょう》により、天皇の兄弟姉妹と子は、生まれながらに親王（皇女と皇姉妹は内親王）とされた。二世から五世までは「王」と称することが許されたが、皇族（皇親）として扱われるのは四世までとなっていた。

それが、天平宝字《てんぴょうほうじ》二（七五八）年、二世王であった淳仁《じゅんにん》天皇（第四七代）が即位した時、その孫で皇位を継いだ者が出たことにより、その兄弟姉妹がことごとく親王に列せられるという事態が生じた。こうした親王の余剰化に歯止めをかけるべく生まれたのが、「親王宣下」の制度である。すなわち、たとえ皇子であっても、「親王宣下」を受けなければ親王の地位には就けないとするものである。例えば、後白河天皇（第七七代）の皇子、以仁《もちひと》王は親王宣下を受けられなかったため、「王」のまま生涯を終えた。その半面、二世以降の皇族でも親王宣下によって王から親王へと昇格する道が開かれたことにもなる。

さて、賜姓降下の最初の例は、聖武天皇（第四五代）の時代とみられる。天平八（七三六）年に敏達《びたつ》天皇（第三〇代）の玄孫で五世王の葛城王および佐為《さい》王が賜姓降下を上表した。ここで両名は生母である縣犬養橘宿禰三千代《あがたのいぬかいのたちばなのすくねみちよ》の氏姓を継いで、それぞれ橘宿禰諸兄《たちばなのすくねもろえ》、橘宿禰佐為《たちばなのすくねさい》へと名を改めた。このうち橘諸兄は、藤原不比等《ふひと》の子で光明皇后の兄である藤原四兄弟（武智麻呂《むちまろ》、房前《ふささき》、宇合《うまかい》、麻呂）が聖武天皇の治世に立て続けに病没し、藤原氏の勢力が衰えた時期に国政の中心を担った、元皇族のなかでも稀な政治家である。諸兄は左大臣まで昇任するとともに、律令制における位階の最高位である「正一位」に叙任されたが、しだいに藤原仲麻呂の台頭に押され、諸兄の死後に再び藤原氏の権勢は盛り返した。

天平勝宝七（七五五）年には、天武天皇の曾孫、三世王の和気王《わけおう》および細川王が「岡真人《まひと》」の姓を授かって臣籍降下している。前述したように「真人」は、天武天皇が定めた「八姓」のなかの最上級の姓であった。

八世紀半ばまでは、賜姓降下における規則は流動的であった。それでも、臣籍降下の対象となる皇族は、皇孫、皇祖孫のように、皇位継承においてさして緊要性のない者であるという点ではほぼ一貫していた。

ところが、皇子についても、親王となる前に氏姓を授けて臣籍に置くということが、平安朝より始まる。延暦六（七八七）年に桓武天皇（第五〇代）は、父・光仁《こうにん》天皇（第四九代）の皇子である諸勝《もろかつ》に「廣根《ひろね》朝臣」の姓を、次いで自らの皇子岡成《おかなり》に「長岡朝臣」の姓を与え、臣籍降下させた。

かくして八世紀後半以降、さまざまな政治的理由も手伝って、五世以上の王であっても、臣籍降下させられる皇族が続々と誕生することとなる。

これは、皇統の維持を図ろうと多数の侍妾が設けられた結果、皇子女が増加したことに起因していた。特に八世紀後半の清和天皇（第五六代）の時代になると諸王の増加は著しく、その数は五〇〇〇人を超えたという。[8] 律令制においては、皇族に対する封禄として、封戸《ふこ》（税収入の単位となる戸）が国庫から支給されていた。それゆえ、皇胤を確保するために講じたことが皇族の数をいたずらに増やし、皮肉にも財政を圧迫する結果をもたらすこととなったので、国費節減のために皇族を整理する必要が生じたわけである。

宮内省図書寮編修課長であった芝葛盛《しばかつもり》がいうように、「当時の皇親も皇親たる名位尊貴にして、実は封禄の資給之に副《そ》はざる状態に在らんよりは、寧《むし》ろ臣籍の心安きに在りて応分の誠忠を宗室に尽くすの勝れるを望まれたのでもあらう」[9] との理由も考えられる。たとえ皇親という名誉ある地位にあっても、それに見合う経済的利得がなければ、何かと制約の多い天皇家にいるよりも臣籍に下って精神的な安楽を得たいという動機もあったであろう。

もっとも、皇族が臣民に嫁《か》しても、賜姓が伴わなければ皇族の身分を保持するというのが天皇家のルールであったとみえる。その実例として挙げられるのは、仁孝《にんこう》天皇（第一二〇代）の皇女和宮である。幕末の尊王攘夷運動に追い詰められた徳川幕府がその打開策として画策した「公武合体」の架橋役として、一四代将軍徳川家茂《いえもち》に嫁することを強いられた悲劇の皇族として知られる。ただし、彼女は江戸へ下向《げこう》する前に内親王の宣下を受けたことにより、家茂の妻となった後も「徳川姓」ではなく「和宮」（名は親子《ちかこ》）の宮号を称し、皇族の地位にあり続けた。[10] したがって、世にいう「和宮降嫁」という表現も、厳密には「和宮婚嫁」とした方が適切であろう。

源氏と平氏――なぜ武家の棟梁となりえたか

皇族の人員整理は、前述のような経済的事情から、天皇が多産となった場合に緊要事となった。ただし、降下させる皇族については、天皇との近親関係を示す姓を与えることで、一般貴族よりも上位に置くという配慮がなされた。降下した元皇族が天皇家と最も近い家格を示す姓となったのが、「源氏」と「平氏」である。

その発端は、嵯峨天皇（第五二代）の時代にある。嵯峨天皇は多産で四八人の皇子女があったが、弘仁《こうにん》五（八一四）年にその中の三二人に「源朝臣《みなもとのあそん》」の姓を授けて臣籍降下させた。これが

「賜姓源氏」と呼ばれた。「源氏」の起源であり、皇族から賜姓により臣籍降下した源氏は「賜姓源氏」と呼ばれた。

なぜ「源氏」が新たな賜姓として選ばれたのかというと、『魏書《ぎしょ》』の「源賀伝」にあるエピソードに由来があった。五世紀の軍人、源賀の「源」姓は、彼と同じ氏族の出身である北魏の皇帝太武帝《たいぶてい》が「源（血統）が同じである」証しとして与えたものであった。嵯峨天皇はこの故例にちなんで、自分と賜姓皇族とは「源が同じ」という意味を込めたのである。[11]

その後、嵯峨源氏、清和源氏のほか、仁明《にんみょう》源氏、宇多源氏、醍醐源氏、村上源氏、陽成《ようぜい》源氏など、各天皇の皇親から降下した「賜姓源氏」が断続的に生まれた。徳川時代の正親町《おおぎまち》天皇（第一〇六代）の皇曾孫である王子・忠幸《ただゆき》に賜姓がなされて生まれた正親町源氏まで、計一七流が誕生している。[12]なかでも、清和天皇（第五六代）の子孫が「源朝臣」の姓を与えられて降下した「清和源氏」はもっとも栄え、武家の時代になってからも長年にわたって権力を持ち続けた。

源氏といえば、これに対抗するのが平氏であるが、平氏も皇族の賜姓によって生まれた氏族である。寛平《かんぴょう》元（八八九）年、桓武天皇（第五〇代）の子孫である高望王《たかもちおう》が「平朝臣《たいらのあそん》」の姓を授かって臣籍降下し、その子孫が「桓武平氏」となった。「平」は平安京を訓読みにした「たいらのみやこ」に由来するものとみられる。[13]桓武以降、仁明（第五四代）、文徳《もんとく》（第五五代）、光孝《こうこう》（第五八代）の各天皇の皇孫・皇曾孫に「平朝臣」の賜姓が行われたが、その後は例がなく、[14]「賜姓平氏」は「賜姓源氏」と比べればその数はだいぶ少数にとどまった。その「賜姓源氏」も正親町源氏が最後となり、以後は皇族に「源朝臣」の姓を授ける例はなくなった。[15]

源平姓ではないが、「六歌仙」の一人に数えられる歌の名手で、『伊勢物語』の主人公のモデルといわれるほど眉目秀麗の好色漢としても知られる在原業平《ありわらのなりひら》も賜姓皇族である。平城《へいぜい》天皇（第五一代）を父方の祖父、桓武天皇を母方の祖父にもつ皇族として生まれたが、天長三（八二六）年、父の阿保《あぼ》親王の上表により、兄の行平《ゆきひら》らとともに「在原朝臣」の姓を授かって臣籍に入った。

古代の氏姓をめぐる制度および慣例について弘仁六（八一五）年に編纂された『新選姓氏録』をみると、氏族は「神別」（神武の子孫）、「皇別」（天皇、皇族の子孫）、「蕃別《ばんべつ》」（帰化人の子孫）と区分されている。賜姓により臣籍降下した皇族は「皇別氏族」として、その氏姓は格別高貴なものとされた。

源平の姓が象徴するのは、臣籍に降下した元皇族であるという、天皇との血縁関係の近さに基づく出自の高貴さである。源氏・平氏いずれも、平安時代後期に武士が台頭するなかで武家の棟梁として仰がれた。征夷大将軍となって鎌倉幕府を開いた源頼朝以降、源氏の将軍は三代で途絶えているが、室町幕府を開いた足利氏、江戸幕府を開いた徳川氏がいずれも征夷大将軍の職に任じられたのも、源頼朝と同じ清和源氏の系統を汲むとされたからである。

つまり、武家の棟梁であろうと、天皇家の血を引くというルーツの高貴さが政治的権威としての求心力となり得たのであり、それは日本社会における貴種崇拝の根強さを物語るものでもある。

『源氏物語』における「血」と「皇統」

日本古典文学の金字塔たる『源氏物語』の主人公、光源氏も「賜姓源氏」である。この物語において特筆すべきは、天皇家をめぐる「血」と「性」の葛藤を大胆な政治的構図から描いた点であろう。

なかでも興味を引くのは、なぜ賜姓皇族たる「源氏」を物語の主人公としたのか、という点である。光は、桐壺《きりつぼ》帝が寵愛する桐壺の更衣《こうい》との間にもうけた第二皇子であり、皇位継承の資格をもつ地位にあった。だが、後宮（后妃の総称。次章で詳述する）では新参者であり、藤原氏のごとき後ろ盾もなかった桐壺の更衣は、弘徽殿《こきでん》の女御《にょうご》をはじめとする、後宮にひしめく古参の女御たちから嫉妬や非難を受け、迫害にさらされて衰弱した挙句、幼い光を残してこの世を去った。

悲嘆に暮れる帝は、このままでは若宮《わかみや》（光）の将来が危ぶまれると感じ、元服と同時に「源氏」の姓を与えて臣籍降下させる道を選ぶ。帝がそのように思い至ったのは、「ただ人にて朝廷《おおやけ》の御後見《おうしろみ》をするなむ、行先も頼もしげなること」（「桐壺の巻」、傍点、引用者）すなわち、「ただ人」（臣民）に下って朝廷の補佐役となる方が将来の栄達が望める、との考えからであった。皇族の身分にとどめておいて、たとえ親王の座に就いたとしても、外戚《がいせき》（この時代であれば藤原氏）の後見がなければ、皇位を継ぐ可能性は低かった。

また、皇位継承争いが昂じて、皇子でありながら謀反《むほん》の罪を着せられて非業の死を遂げた有間《ありまの》皇子《みこ》（第三六代孝徳帝の皇子）や大津皇子（第四〇代天武天皇の皇子）の例もある。なまじ皇位継承権を持たせることで、陰謀渦巻く政争に巻き込まれる危難を招くよりは、臣下の立場で朝廷に仕えさせた方が安全であるという政治的判断であった[16]。

臣籍に下った光源氏は、宮廷政治家として、文人として、そして色事師として、それぞれの方面で無類の才能を発揮する。

光源氏は皇族の身分を離れたものの、将来の皇位継承に重大な影響を与えうる立場にあり続ける。父（桐壺帝）とその側室、藤壺女御との間に生まれた第一〇皇子が即位して冷泉《れいぜい》帝となるが、実は光源氏と藤壺との密通によって生まれた子である。元皇子が父帝の后妃と不義をはたらき、その「罪ある男女の罪なき果実」が皇位に就くという構想は、天皇が神格化された明治以降であれば、刑法に定められた「不敬罪」のとがを受けるであろう。天皇の神格が否定され、言論の自由、表現の自由が保障されている現行憲法の下でも、このような設定の文芸作品を大々的に売り出そうとすれば、様々な障害にぶつかるであろうことは想像に難くない。

この物語でさらに注意を引くのは、皇位に就いていない光源氏を、「太上天皇になずらう御位」（以下「准太上天皇」とする）にのぼらせている点である。「太上天皇」というのは、譲位した天皇に贈られる尊号であり、一般的には「上皇」という略称で呼ばれる。大宝令から設けられたもので、持統一一（六九七）年に持統天皇（第四一代）が孫の文武天皇（第四二代）に譲位した後に「太上天皇」を称したのが最初である。

「准太上天皇」というのは、あくまで式部の創作した尊号である。だが、いかにフィクションとはいえ、これを臣下の光源氏が授与されるというのは異例である（その後、室町幕府三代将軍足利義満の死後に「太上法皇」の尊号を朝廷が贈ろうとしたが、四代将軍義持《よしもち》が辞退した例がある）。この異例の贈位は、実の父が他ならぬ光源氏であることを知った冷泉帝の思慮によるものである。だが、天皇という「至尊」の地位にある以上、かかる不実を世間に公表するのは憚られる。そのため冷泉帝は、光源氏を太上天皇にすることはできず、「准太上天皇」の地位にとどめたのであろう。

このように考えてくると、紫式部がなぜ『源氏物語』の主人公を源氏に設定したのかという先の疑問は氷解するのである。

式部が生きていた時代は、藤原氏による摂関政治の全盛期である。式部自身、中流貴族の藤原為時《ためとき》の娘であり、時の権力者の頂点にあった藤原道長の娘である中宮彰子《しょうし》に仕えていた。式部をとりまくこうした政治的環境に鑑みると、王朝の政治と色恋をめぐる物語を書くのであれば、時の権力者である藤原氏を主人公に据えた方がよほど自然にみえる。

にもかかわらず、式部があえて源氏を主人公に選んだのは、「一世源氏」という賜姓皇族のなかでも最も天皇と血縁的に近い人物として光源氏を描いたことと関係していよう。

『源氏物語』の研究者、清水好子は「皇位継承に関与する主人公の運命と一世の源氏という素性は不可分のものであったといえよう」[17]と述べている。また、光源氏の正妻となる女三《おんなさん》の宮《みや》をはじめ、大宮《おおみや》、落葉《おちば》の宮、女二の宮など、皇族から臣下に降嫁する女性を登場させたことは、彼女たちの高貴な出自とその大胆な性生活とのギャップを際立たせる効果をもつとともに、皇族の人員整理のために臣籍降下がさかんに行われた時代背景を想起させる。

何より元皇子というひときわ高貴な出自をもつ光源氏であるからこそ、その超人的なキャラクターが浮き立つ。のみならず、数々の後宮との色事は、背徳と耽美の両方をかもし出す。とりわけ父帝の后妃を寝取って生まれた子が皇位に就くというエピソードに象徴されるように、この物語は天皇という〝聖なるもの〟を汚し、貶《おとし》めるかのようにみえて、むしろその崇高さを浮き彫りにするのである。

3 「皇籍」と「臣籍」の壁——臣籍降下の諸相

懲戒による臣籍降下——「品位」を汚すは皇族にあらず

これまでみてきたように、古代から行われてきた皇族の臣籍降下は、時々の権力者の政治的配慮に基づくものが多かった。臣籍降下の中でも賜姓降下の場合は、皇族から臣民に下っても、天皇から授けられた「姓」により皇族出身という名誉と権威を保持することができた。

だが、天皇家の名誉を著しく汚すような重大な不祥事を犯したとされる皇族に対して、懲戒としてその皇籍を剝奪し、姓を与えて臣籍に降下させる例も少なくなかった。

このような事例は、皇族が政略・政争に深く関与しがちであった古代に多く、主として次のようなものがある。

・天平宝字五（七六一）年、天武天皇（第四〇代）の皇曾孫である葦原王《あしはら》が殺人の罪により王名を剝奪され、「龍田真人」の姓を授かって配流に処された事件。

・天平宝字八（七六四）年の「恵美押勝《えみのおしかつ》の乱」（藤原仲麻呂によるクーデター失敗）に連座した罪により、天武天皇の曾孫である笠王《かさおう》以下一〇名の王が「三長真人《みながのまひと》」の姓を与えられた事件。

・神護景雲《しんごけいうん》三（七六九）年、聖武天皇（第四五代）の皇女不破内親王が称徳天皇（第四八代）に対して不敬をはたらいた罪により、「厨真人《くりやのまひと》」の姓および「厨女《くりやめ》」の名を与えられた事件（後述）。

その他、源平の合戦に重大な関与があった以仁王（第七七代後白河天皇の皇子）の例がある。以仁王は、平清盛が治承三（一一七九）年に挙兵し、後白河法皇を幽閉して専制を敷くに及び、平家の横暴を懲らしめるべく、翌年に「平氏追討」の令旨《りょうじ》を全国の源氏に発し、自らも挙兵を計画するも失敗に終わった。時の高倉天皇（第八〇代）は、外戚である平清盛の命により、以仁王に「源」姓を与えて「源以光《もちみつ》」と改名させ（皇族男子の名に常用される「仁」の字は憚りがあるとされた）、臣籍に降下させた上で遠流《おんる》に処している。[18]

懲戒的な臣籍降下の場合、時の権力者による恣意的な〝見せしめ〟という側面が多分にあるのだが、このような意味での臣籍降下は、以仁王の事件以降は例がないようである。[19]

第5章で詳述するように、皇室典範体制においては、皇族を対象に臣籍降下を伴う懲戒制度が規定されたものの、これが実際に発動されることはなかった。

皇族から臣民の「子」へ

このように皇族の臣籍降下は、授かった氏姓を家名として新たに家を創設し、その家長におさまるというのが基本的なパターンであった。そのほか、臣民の養子（または猶子）となり、その家の氏姓を授かって臣籍に降下する例もあった。

皇族が臣下の養子となる形での臣籍降下は、天平勝宝九（七五七）年、石津王（系譜不詳）が藤原仲麻呂（恵美押勝）の養子となり、「藤原朝臣」の姓を授かったのが最初とされる。

やがて、荘園という土地の私有制が広がり、国家の税収を支えてきた班田制が解体していくと、国庫からの収入が激減した天皇家は、すべての皇族を養うだけの経済力は持てなくなった。やむをえず、口減らしのために皇族の臣籍降下が相次ぐこととなるが、そこでは公家の養子になるというのも常套手段のひとつであった。

公家においても家格の違いがあった。とりわけ「摂家《せっけ》」は、公家のなかで最上級の家格であった。摂家は、「藤原」姓を最初に授けられた中臣鎌足《なかとみのかまたり》の子にして藤原氏勃興の立役者となった藤原不比等の二男である藤原房前《ふささき》を始祖とする「藤原北家」の系統にあり、天皇の外戚となって摂政・関白の職を世襲したことから、はじめは「摂関家」と呼ばれた。

鎌倉時代になって、それが近衛・九条・二条・一条・鷹司《たかつかさ》の五家に分かれ、まとめて「摂家」と呼ばれるようになった。摂家は公家の筆頭とされ、以後も天皇との血縁を武器に（利用して）摂政・関白の座を独占したので、皇族の養家となるのにふさわしい家柄であった。ただし、例外として、羽柴秀吉が天正一三（一五八五年）に近衛前久《さきひさ》の猶子《ゆうし》となり、「藤原朝臣」の姓を授かった上で「近衛秀吉」として関白に就任した例がある。この場合も、「天下人」にのぼりつめた秀吉が、それにも飽き足らず、摂家という貴い公家ブランド、すなわち天皇家との親族的関係を得ることで自らの権力基盤をさらに強固にしようというねらいからであった。

　ところが徳川幕府は、天皇家の養子政策にタガをはめた。元和元《げんな》（一六一五）年に公布された「禁中並公家《きんちゅうならびにくげ》諸法度《しょはっと》」で、「養子は連綿、但し同姓を用ひらるべし」と定められ、公家が異姓の養子を迎えることが禁じられた。当時の幕府には、天皇家との血縁関係を築くことで少しでも政治権力を握ろうとする公家衆の野心を抑え込む意図があったとも考えられる。

　それでも、後継者のいない摂家に男子皇族が養子に入る例はその後もみられる。例えば、後陽成天皇（第一〇七代）の第四皇子で伯父・近衛信尹《のぶただ》（すでに死亡）の養子となった近衛信尋《のぶひろ》、後陽成天皇の第九皇子で一条内基《うちもと》の養子となった一条昭良《あきよし》、閑院宮直仁《かんいんのみやなおひと》親王の第三皇子（東山天皇（第一一三代）で一条兼香《かねか》（すでに死亡）の養子となり、跡継ぎのいなかった鷹司家を継いだ鷹司輔平《すけひら》などの例がある。

　公家とのこうした血の交わりの歴史があったからこそ、明治以降も皇族が臣民と婚姻する場合、その相手は華族に限られたのである。

皇族の出家――皇籍と僧籍のあいだ

「出家」とは読んで字のごとく「家を出る」ことであり、「戸籍を捨てる」ことである。「家」は「俗」なる世界のものであり、「私」の空間である。これを捨てて「無私」の境地に身を置いて修行に励むことが仏の道に生きることである。それゆえ、律令制の時代から、僧侶も尼僧も戸籍登録の対象外とされていた。

出家は、得度《とくど》（剃髪して僧尼の資格を得ること）および授戒（師僧から戒律を授かること）を経て、一定の寺院に属することで成立する。一つの寺院に属する僧侶としての資格が「僧籍」である。俗人が出家することを、今日でも「僧籍に入る」と称することがある。この「僧籍」という場合の「籍」とは、「戸籍」を意味するものではなく、「籍」を広い意味での「身分」「登録」とみなしたものである。

もっとも、僧籍を「僧の戸籍」と解することも、あながち間違いとはいえない。

僧籍は、各宗派の寺院が管理する僧侶・尼僧の登録台帳としての役割をもつことがある。例えば天台宗では、宗務庁総務局（宗の事務機関）が一九二三年に制定した「僧籍法」の第一条で、「僧侶ハ本則ニヨリ僧籍簿ニ登録セラルルコトヲ要ス」[20]ことを定めている。

僧侶・尼僧が俗人と同様に戸籍に登録されるようになったのは一八七二年の壬申戸籍からであ

り、それ以前は戸籍を捨てることが僧籍に入る条件であった。また、徳川時代において仏僧は、百姓や町人がキリスト教信者でないことを証明する宗門人別改《しゅうもんにんべつあらため》を檀那寺《だんなでら》として実施する任にあったため、戸籍（人別帳）の枠外に置かれた。

さて、仏教が百済から日本に伝来したのは六世紀とされている。六世紀後半に厩戸皇子《うまやどのおうじ》は、「鎮護国家」のために仏教を重用する国家方針を打ち出した。それ以降、庶民の間で出家する者が増えていき、ついには皇族から出家する者も現れた。皇族や公家のような貴人が出家することを、一般の出家と区別して「落飾《らくしょく》」とも称した。

親王が出家した場合は、「入道親王」とも呼ばれた。また、出家した後に親王宣下を受けて皇籍に復帰する場合、その親王は「法親王《ほうしんのう》」と称された。上皇が出家した場合、その者を「法皇」と呼ぶが、白河法皇、鳥羽法皇、後白河法皇のように出家後も院政を敷いた例もある。したがって、皇族の出家がただちに政治的隠遁を意味するわけではなかった。皇族が出家することを「僧籍降下」と呼ぶ例は見当たらず、皇族の出家は一般的な臣籍降下よりも高次の脱政治的行為とみなされていたのであろう。

皇室という「家」を出て仏門に入ったのは、「みほとけ」への信仰心が昂じたからというより、基本的には以下に示す三つの政治的目的があったからといえる。

第一に、皇位継承をめぐる朝廷内の政争から逃れるためである。

皇族が出家した最初の例として確認できるのは古人皇子《ふるひとのおうじ》である。[21] 古人の母・皇極帝《こうぎょく》（第三五代）は蘇我馬子の娘で、古人皇子は、権勢を掌中に収めた当時の蘇我氏と強い血のつながりがあった。だが、大化元年（六四五年）に中大兄皇子《なかのおおえのおうじ》、中臣鎌足らのクーデターが起こる。古人を次期天皇に推していた蘇我入鹿《いるか》は暗殺され、入鹿の父蝦夷《えみし》も自殺に追い込まれ、朝廷における蘇我氏の勢力は、中大兄の一派により排斥された。後ろ楯を一度に失った古人皇子は、皇極帝の退位に際して皇位継承の要請を受けたものの固辞し、出家して吉野に身を隠した。宮中を去って仏門に入った方が身の安全を確保できたというわけである。

大海人皇子《おおあまのおうじ》の出家の例は、特異な展開をたどっている。中大兄皇子が即位して天智帝（第三八代）となり、その弟である大海人は皇太弟となった。天智が病に倒れると、大海人は天智の皇子である大友皇子（のちに第三九代弘文天皇と認定される。第2章第3節参照）に皇位継承の資格を譲り、出家して吉野に隠退する道を選んだ。だが、大友側の不穏な動きを察した大海人は吉野を出て甥と一戦交えるに至った。これが、天武元（六七二）年の「壬申の乱」である。

古代日本で最大規模となったこの内乱で朝廷軍を打ち破った大海人は、史上初めて「天皇号」を用いて天武天皇（第四〇代）として即位し、大宝律令の制定、「八姓」の法制化、『古事記』の編纂などきわめて重要な親政を行った。

第二に、皇位継承資格者から排除するためである。親王宣下の制度が確立してからも、権力者の策謀によってその地位を廃され、出家へと追いやられた親王も少なくない。

平城天皇（第五一代）の皇子・高丘親王《たかおかしんのう》は、平城が譲位した後、嵯峨天皇（第五二代）の皇太子に立てられた。だが、大同五（八一〇）年に平城上皇が侍妾である藤原薬子《くすこ》とその兄藤原仲成《なかなり》から復位をそそのかされて挙兵を目論む。これを察知して先手を打った嵯峨天皇の軍勢に抑えられてこの企ては失敗に終わる（「薬子の変」）。そのあおりを受けて高丘親王は皇太子を廃され、弘仁一三（八二二）年に出家して真如と号し、「禅師親王」と世に称されたという。[22]

また、恒貞《つねさだ》親王は天長一〇（八三三）年に仁明天皇（第五四代）の皇太子となったものの、承和九年（八四二年）に「承和の変」（藤原良房の陰謀により橘逸勢《たちばなのはやなり》、伴健岑《とものこわみね》らが排斥された事件）が起こり、この責任を問われて皇太子を廃されると、七年後に出家して恒寂《ごうじゃく》と号した。

第三に、皇族の口減らしのためである。前述のように、賜姓降下は皇族の人員削減を主な目的としていたが、出家はそれよりも低コストで同じ目的を果たすことができた。

人間の本能的欲求とされる性欲は、仏教においては煩悩の一つである。出家するには、この性欲を絶ち切ることが必須となる。したがって、皇族女子は出家によって、男子を産むべしという重圧から逃れられる。また、婚姻がなければ結納・支度金・婚礼費用等の直接的な出費の節約になるし、子を作らなければ宮家や別家を創立する必要がなくなるから、天皇家としては大幅な経費削減となる上、少ない領地をさらに分封することも防ぐことができた。

だが、親王以外の皇族を際限なく出家させていくと、皇統の断絶もありえない話ではない。

そのことを政治的な嗅覚で感づいた新井白石は『折たく柴の記』（一七一六年頃）で、この問題について積極的に提言をしている。同書で白石は、武家の世になって以降、皇室は衰退の道を辿ってきたことを認め、「儲君《ちよくん》の外は、皇子・皇女皆《みなみな》御出家の事においては、今もなほおとろへし代《よ》のさまに、かはり給はず」[23]と述べる。すなわち、皇太子を除いて、皇子・皇女がことごとく出家しているのは、皇室が衰退した今でも変わっていない、というのである。白石からすれば皇統の維持は、幕府ひいては国家の利益となるものであり、皇族出家という慣例は看過し得ないものであった。そこで白石は宮家の創設を建言し、享保三（一七一八）年に閑院宮《かんいんのみや》家が創立された。

皇族の出家に関して右にみた三つのパターンのうち、第一のケースは自発的なものであるのに対し、第二、第三のそれは強制されたものである。仏門へ入るよう強いられて、不承不承それを受け入れた皇族も少なくないであろう。

大宅壮一の調査によれば、後陽成（第一〇七代）、後水尾《ごみずのお》（第一〇八代）、後西《ごさい》（第一一一代）、霊元《れいげん》（第一一二代）の天皇四代の間に出家した五三人の皇子女は、四七歳で出家した光子内親王（後水尾天皇の第一二子）を除けば、出家当時の平均年齢は一一・八歳である。[24]まだ年端もいかない皇子女が命じられるまま法衣に着替えて読経《どきょう》に励む姿は悲哀すら漂わせている。

しかも大宅によれば、先の天皇四代の間に出家した皇族は、光子内親王（享年九七）を除けば、平均寿命が四三・四歳であったのに対し、出家しなかった同時代の皇族の平均寿命は五二・八歳であった。[25]出家をすれば宮廷での政争や皇胤出産の重圧とも無縁になり、かつてない精神的解放が得られるかと思いきや、仏道に生きることによる精神的負担の方が大きかったとみえ、必ずしも〝住めば都〟とはいかなかったのである。

出家皇族がもたらす寺院の名誉――「門跡」という看板

皇族が出家して入寺した寺院は「門跡《もんぜき》」という称号を得た。その始まりは、九世紀末に宇多天皇（第五九代）が譲位後に出家し、仁和寺に入った時までさかのぼる。法皇となった宇多は、仁和寺の中に一室を設けて住処《すみか》とし、「御室《おむろ》御所」と呼ばれるようになった。これが転じて「御室門跡」となった。以来、法親王が住む寺院を「門跡」と称するようになった。

寺院の側としても、元皇族を迎えることができれば、寺の格が格段に上がるので、それは願ってもない話であった。

皇族が入る寺院は、当初は定まっていなかったが、次第に特定の寺院に絞られていき、そのことが、「門跡」寺院の格をさらに高めることとなった。

例えば、真言宗の仁和寺は、当初は宇多天皇（第五九代）の子孫（宇多源氏）が別当（住職）を務めた。白河天皇の皇子である覚行法親王《かくぎょうほっしんのう》がその跡を継いだことから、真言宗の寺院において住職は皇族が務めるという名誉が与えられた。檀徒を増やしたい寺院は、これを機に門跡をその看板にしようと目論み、出家皇族を競って迎えようとする風潮が広まった。

とはいえ「門跡」は、俗称としては知れ渡っていたものの、公認の寺格となった最初の例は浄土真宗の本願寺である。永禄二（一五五九）年に正親町天皇（第一〇六代）より本願寺を門跡に準ずるとする勅許が下されたことで、門跡は法的な資格となるに至った。そして徳川幕府は禁中並公家諸法度において、親王門跡、摂家門跡、これらに準じる准門跡の三門跡に整理し、その順序を定めた。

そのなかで最も上位に置かれた親王門跡は「宮門跡《みやもんぜき》」とも称され、特権的な地位を与えられた。宮門跡に格付けされた寺院としては、大覚寺（真言宗）、仁和寺（同）、輪王寺（天台宗）、妙法院（同）、青蓮院《しょうれんいん》（同）などがあるが、宗派はだいぶ偏っていることがわかる。

一方、皇女・王女が出家して入寺した寺院もその格は高まり、「比丘尼御所《びくにごしょ》」あるいは「比丘尼門跡」などと呼ばれた。

また皇族以外に、摂家の子弟が入った摂家門跡は、親王門跡に次ぐ名誉と特権を認められる寺格に列せられた。

寺格に箔を付けようと、天皇家との関係を誇示するかのように、寺紋に「菊の御紋」を用いる例もあったという[26]。俗世との縁を絶って修行に励む場である寺院においても、貴種崇拝という俗世の価値観は捨て去ることができなかったのである。

臣民から天皇へ――ゆるやかな君臣間の移動

皇統の神聖性が称揚される以上、ひとたび臣籍に降下した者が皇族に復帰するのは原則として許されないのは当然であろう。ところが、皇位の連続性を維持するという政治目的が優先されて、臣籍から皇籍へ復帰した事例は数多い。

皇子が臣籍降下した後に、皇族に復帰した最初の例は、和気王《わけおう》とみられる。天武天皇（第四〇代）の皇祖孫であった和気王は、天平宝字三（七五九）年に祖父の舎人《とねり》親王が崇道盡敬皇帝《すどうじんきょう》の尊号を追贈された時に皇籍に復帰した。

これ以後、いったん臣籍に降下した皇族が、さまざまな政治的理由により皇籍に復帰するということがたびたび生じた（表6）。

珍しい例としては、神護景雲三（七六九）年に聖武天皇（第四五代）の皇女である不破内親王が、称徳天皇（第四八代）を呪詛した罪で臣籍に降下させられたが、冤罪が認められて宝亀三（七七二）年以後に皇籍に復帰している。これなどは、皇族としての「名誉回復」とみるべきであろう。

特筆すべきは、臣籍降下した元皇族が皇籍復帰後に皇位に就く事態まで生じたことである。つまり、臣民が皇族となっただけでなく、即位にすら至ったわけである。宇多天皇（第五九代）と、その子である醍醐天皇（第六〇代）の二人が、まさにその例である。

元慶八（八八四）年、光孝天皇（第五八代）の皇子・皇女二六人が臣籍降下したが、その中の一人、第七皇子の定省《さだみ》王は「源朝臣」の姓を与えられて源定省《さだみ》となった。それから三年後の仁和三（八八七）年、病に伏した光孝天皇の後継者選びに際し、太政大臣・藤原基経《もとつね》は確執の続いていた貞保《さだやす》親王を退け、定省を皇族に復帰させた。これに伴い、定省の子や同母兄弟が皇籍に移行している。その同じ年に定省は親王宣下を受けて皇太子となり、即位して宇多天皇となった。

一一世紀末に完成したとみられる『大鏡《おおかがみ》』によれば、宇多は源定省であった時に、陽成天皇（第

表6　皇族が臣籍降下した後、皇籍に復帰した例

皇族時代の名前	皇族時代の身位	臣籍降下の年	臣籍降下後の姓名	皇籍復帰の年	皇籍復帰後の身位
和気王	天武天皇の皇祖孫	755年	岡真人和気	759年	不明
笠王	天武天皇の子孫	764年	山辺真人笠	774年	不明
不破内親王	聖武天皇の皇女	769年	厨真人厨女	772年	内親王
定省王	光孝天皇の第七皇子	884年	源朝臣定省	891年	親王→皇太子→天皇（第59代宇多天皇）
是貞王	光孝天皇の第二皇子	870年	源朝臣是貞	891年	親王
是忠王	光孝天皇の第皇子	870年	源朝臣是忠	891年	親王
兼明王	醍醐天皇の皇子	932年	源朝臣兼明	977年	親王
盛明王	醍醐天皇の皇子	不明	源朝臣盛明	967年	不明
昭平王	村上天皇の皇子	961年	源朝臣昭平	977年	親王
惟康王	御嵯峨天皇の孫	1270年	源朝臣惟康	1287年	親王
久良新王	後深草天皇の孫	1326年	源朝臣久良	1330年	親王
家教王	伏見宮邦家親王の子	1866年	藤原朝臣家教	1888年	1888年再降下

五七代）の殿上人を務め、神社への行幸では「舞人」を務めていた。それゆえ、即位した宇多天皇が外出時に陽成上皇の御所の前を通った際に、宇多を目にした上皇が「当代は家人にあらずや。あしくも通るかな（今上のみかどはわが家来であった者ではないか。おそれ多くも仰々しく通るものであるわい）」と思わず口走ったというエピソードが記されている。

宇多の後を継いだ醍醐天皇に至っては、父・宇多が臣籍にあった時期に源維城《これざね》として世に生まれ、父の皇族復帰に伴って皇族の身分を得ている。その後、寛平三（八九一）年に皇太子敦仁《あつひと》親王となり、寛平九（八九七）年に宇多から突然の譲位を受け、即位して醍醐天皇となった。生まれながらの臣民が天皇の座に上りつめたという意味では、醍醐天皇は唯一無二の例である。

臣籍降下した後に皇籍復帰し、再び臣籍降下し

たという数奇な例もある。伏見宮邦家親王《ふしみのみやくにいえ》の第一五子であった家教王《いえのりおう》は、明治五（一八七二）年に仏光寺派第二五代管長・渋谷真達の養子となり、得度して渋谷家教とその名を改め、仏光寺派管長に推されて大教正《だいきょうせい》となった。一八八八年には伏見宮に復帰するも、同日のうちに臣籍降下となり、「清棲《きよす》」の姓を授かって華族に列せられている。

このように、皇籍と臣籍との間で身分の移動があるとすれば、前者から後者へのそれが唯一であるかに思われようが、実際には両者の間で融通無碍な往来が繰り広げられたのである。

だが、一九〇七年の皇室典範増補において、「皇族ノ臣籍ニ入リタル者ハ皇族ニ復スルコトヲ得ス」（第六条）と定められ、ひとたび皇族が「臣民」に降下したならば、皇籍に復帰することは認められなくなった。臣籍から皇籍に入ることは、原則として女子が后妃となる場合を除いて禁止されたのである。それによって、前述の宇多天皇のように、臣下となった元皇族が皇籍を回復して皇位に就くということは不可能となった。ましてや醍醐のように、生まれながらの臣民が皇位にのぼりつめることなど夢物語となった。

臣籍から皇籍への移動を禁じた理由について、「上下の分一たび定まりて復《さら》に変易すべからざるは我が肇国以来の大原則なり」と説くのは、法学者の有賀長雄《あるがながお》である。有賀にいわせれば、「上下の分」を不変としなければならないのは、皇位に就けるのは皇胤に限るという大原則の結果である。前述のように臣下が皇籍に入れるのは后妃となる場合に限られたのであるが、これ以外に「皇族と臣籍との分界を混ずる道を開くときは、皇胤の純潔を害し、其の神種として万民の推戴（推し立てること：引用者注）を受くる所以を滅ずればなり」[27]と理解されていた。

かくして、ゆるやかであり続けた古代からの「君臣関係」の線引きは、天皇が神格化された近代になって厳格化されたのである。

4 天皇家の「入夫」と「易姓革命」——女帝反対論の射程

天皇家における「易姓」の危惧——「姓」のもつ意味とは

天皇家は「氏姓」をもたないということが、その無私性および神聖性の由来となっていることは何度も述べてきた。ところが、天皇家の家族法を起草する政治権力において、天皇家と氏姓をめぐる認識が一致していたわけでは決してない。

明治の皇室典範制定過程に再度、目を向けてみよう。元老院において、国憲取調委員に任命された柳原前光、福羽美静《ふくばびせい》、中島信行、細川潤次郎の四議官は憲法草案の起草に着手し、一八七六年一〇月に第一次草案、七八年七月に第二次草案、八〇年に第三次草案を作成した。このうち、第一次草案第二条と第三次草案第三条では女帝を認めていた。だが、これらの草案は、岩倉具視や伊藤博文などの反対により採択されずに終わった。

その元老院の審議で示された女帝反対論のなかに、女帝を認めれば天皇家に「異姓」の混入を許すことになるという主張があったことに注目したい。かかる論陣を張ったのは鳥取藩出身の元老院議官・河田景與《かげとも》である。

河田は一八八〇年に提出した意見書において、次のように言う。「本条ニ所謂《いわゆる》女統ナル者、皇女他人ニ配シテ挙グル所ノ子若《も》クハ孫ナルトキハ即《すなわち》現然異姓ナリ。譬《たと》ヘバ仁孝天皇ノ皇女、故将軍家茂ニ降嫁スルガ如キ若《も》シ其《その》所在アレバ徳川氏ニシテ王氏ニアラズ、王族ニアラザルナリ。（中略）如何《いかん》トナレバ異姓ノ子ニシテ帝位継承スルコトヲ得バ之ヲ万世一系ノ皇統ト云可《いうべか》ラズ[28]」（傍点、引用者）。

「皇女ガ他人ニ配シ」というのは、皇族女子が非皇族男子と婚姻することであり、そこで生まれた子は「女統」（女系皇族）にして「異姓」となる。河田がここで例に引いているのは、「仁孝天皇ノ皇女」すなわち和宮が一四代将軍徳川家茂に嫁した一件である。既述のように、和宮は徳川家に「降嫁」したとされるが、内親王宣下を受けた後の婚姻であったから、「徳川姓」に改めることはなく、皇族の身分を維持していた。だからこそ、もし和宮が子を産んだなら（実際は彼女に子はなかった）、その子は「女統」の皇族となるのであるが、それと同時に父方の「徳川姓」になるという河田の想定は、何を意味しているのであろうか。なにより河田は、女系皇族に皇位継承資格を認めれば「異姓ノ子」が皇位に就くこととなり、それではもはや「万世一系ノ皇統」ではないと主張したわけである。

つまり、河田がここで「異姓」という場合の「姓」が含意するのは「血」であり、しかも父系主義を前提とする観念であることが見て取れよう。

その後、一八八四年に宮内省内に制度取調局が設置され、その下で「皇室制規」が起草された。これは、女帝のみならず女系の皇位継承を認めるという実に画期的な草案であった。ただし、第一三条では「女帝ノ夫ハ皇胤ニシテ臣籍ニ入リタル者ノ内皇統ニ近キ者ヲ迎ヘルベシ」[29]とし、皇統に近い元皇族を女帝の夫とすることを条件に「女系」の擁立を認めるものであった。

これに対し、女帝容認は天皇家への「異姓」混入につながるという論理でこれを不可としたのが、当時、宮内省図書頭の任にあった井上毅である。井上は「皇室制規」の起草を受けて、「謹具意見」と題した意見書を政府に提出している。この「謹具意見」は一八八六年頃に執筆したものとみられ、旧皇室典範が男系男子主義の原則化へと舵を切る重要な契機となったとされている。

ここでは、天皇家と姓をめぐる井上の見解に注目したい。

「皇室制規」の女帝容認案について井上は、「女系ヲ以テ男系ナキトキノ皇統トシ、皇女ヨリ皇女ヘ皇子ヲ伝フルコトヲ明言シタリ」と述べ、そのような女系主義を採用した悪しき例として英国のケースを挙げる。要約すると、次のような趣旨である。中世以来、英国の王朝が幾度も変わったのは、女系の伝統によるためである。というのも、女系の王が即位すれば、母方の姓（前王朝の姓）ではなく父方の姓を継承するので、前王朝は断絶し、新たな王朝が立つことになる。それは、英国では氏姓よりも血統に基づいて相続権が認められる慣習によるものである。

井上はこのような誤解（女系王が立っても、必ずしも王朝が交代するわけではない）を含んだ理解に立って、次のように考える。「皇室制規」によれば、女帝が臣籍（井上の挙げる例は「源姓」である）から皇婿を迎え、その間に生まれた子が皇太子になると、それは女系であるから姓は「源家」であり、「我ガ国ノ慣習ニ於テ又欧羅巴ノ風俗ニテモ同一ナルコト」となる。ヨーロッパであれば姓と関係なく女系の血縁により皇位を継承するのが当然となるが、日本でもこれを「典憲」として採るとなれば「姓ヲ易フルコトヲモ採用アルベキハ、最モ恐シキコトニ思ハル、ナリ」[30]との懸念を示したのである。

要するに、井上の言わんとするところは何か。女帝が臣籍から夫を迎え、生まれた子を皇太子とすれば、それは女系の皇族であり、姓は父の姓であるから、異姓の者が皇位に就くことになる。それはまさに「易姓」となり、「最モ恐シキコト」だというのである。

だが、女帝の皇婿となった者が従来の姓を維持し、二人の間に生まれた皇太子が父の姓を継いで皇位に就くということが、天皇家において実際に起こり得るのであろうか。

女帝の「入夫婚姻」と「姓」——井上毅の「易姓」論

ここで考えるべきは、井上が想定している「姓」とは一体何か、である。第1章で述べたように、天皇家は元来、氏姓を超越した存在であるという皇室超然主義に則してみれば、女帝と婚姻した臣民出身の皇婿の姓をもつ皇太子が即位すれば、もはやそれは「天皇」ではない。

あらためて検討しておきたいのが、夫が妻の家に入るという形の婚姻についてである。

中国では古代から、「招婿《しょうせい》」という慣習が存在した。寡婦が新たに夫を家に迎える時は「招夫」と称した。いずれも、その主たる目的は家督相続者の確保にあった。ただし、中国には伝統的家族法として「異姓不養」の原則があったので、婿を養子にすることは禁じられていた。だが、近世以降には、婿の姓を妻の家の姓に変えて祖先祭祀を継承する例もあったという。[31]

一方、日本の家族法には、「入夫《にゅうふ》」という独特の婚姻形式があった、これも、男子の家督相続者がいない場合の対処法のひとつである。戸主が死亡し、残された妻に家督を継ぐべき子がない時、あるいは男子がまだ幼少である時などは、女子が例外的に家督相続し、戸主となる。女戸主は他家に嫁することはできないので、婚姻する時には自分の家に夫を迎え入れる。これが、入夫である。入夫は婿養子と混同されやすいが、前者では女戸主と婚姻した夫が妻の家に入るのに対し、後者では夫が妻の父母の養子となって妻の家に入るという違いがある。

このような入夫の慣習は明治維新以降も認められていたが[32]、これを法制化したのが一八九八年施行の明治民法である。同法は、「妻ハ婚姻ニ因《よ》リテ夫ノ家ニ入ル」（第七八八条第一項）ことを原則としていたが、その例外として第七三六条で「女戸主カ入夫婚姻ヲ為シタルトキハ入夫ハ其《その》家ノ戸主ト為《な》ル」と規定した。つまり、法律上の入夫婚姻は、女戸主が夫を実家に迎え入れてその氏を名乗らせるものの、戸主の地位は入夫に譲ることと定められていた（ただし、当事者が反対の意思表示をすればその限りではない）。

この入夫婚姻を女帝にもそのまま適用するとすれば、次のようになる。あくまで〝臨時戸主〟

である女帝は異姓の入夫（皇婿）を迎えた時、その家督は自動的に夫に移動し、皇位が交替することとなる。さすがに皇位の移譲は認められないとしても、肝心なのは姓の問題である。ここで注意を要するのは、一般国民の場合は入夫が女戸主の姓（戸籍上は氏）に変わるのに対し、天皇家はそれには当たらないと井上が想定している点である。

皇室典範が起草されたのは、民法がまだ成立していない時期のことであった。一八九八年の明治民法施行までは、夫婦の姓は別姓とすることが原則とされていた。一八七六年三月一七日に発せられた太政官指令では「婦女夫に嫁するも仍《な》ほ所生の氏を用《もち》ゆべきこと。但其《ただしその》夫の家を相続したる上は夫家の氏を称すべき事」とされ、妻は夫の家に入っても従来の氏（姓）を維持すべきであり、例外的に妻が戸主となった時は婚家の氏に変わるとされていた。

他家から嫁した異姓の妻を戸主と同姓にさせなかったのは、戸主の家族との血統上の区別を明確にするためと考えられ、中国の伝統思想における「姓」の観念に基づくものといえよう。

こうした血統重視の観点から夫婦別姓主義を熱心に支持していたのが、誰あろう、井上毅その人であった。

井上は内務省に提出した「戸籍意見案」（一八七八年）で、「戸籍は一戸一籍とするを必とす、姓氏は必《かならず》しも一戸一姓ならざるべし。（中略）即ち数姓にして一家に過活するは世間常に有るの事なり」と述べ、戸内で姓を統一しようとするのは姓の慣習に合わず、むしろ「百端の紛雑[33]」（さまざまな混乱）を来すものと理解していた。つまり、井上にとって姓は単なる戸籍名ではなく、個人の血筋を示すものであり、だからこそ重要なのである。明治民法以降、「一家一氏」をもって家の一体性が保持され、これが日本の「国体」における〝美風〟であると鼓吹されていくが、井上は家名より血統第一の観点から、それと正反対の持論を唱えていたのである。こうした次第で、女帝の入夫の場合にも、皇婿が従来の姓を用いて当然との考えを井上が持ったとしても何ら不思議はない。

だが、天皇家は「無私」にして「無姓」であるという大原則に照らせば、女帝の皇婿は戸籍上の姓（氏）を失って天皇家に入るはずである。にもかかわらず、そこで生まれた皇子が「異姓」となり、これを「易姓」であるとして皇統の危機であると危惧するところをみると、やはり井上は「姓」を〝家名〟としてよりも〝臣民の血の証し〟として認識していたと考える他はない。

前述したように、「皇室制規」が容認しようとしたのは、皇統に近い元皇族による入夫婚姻であった。例えば、井上のいう「源家」ならば賜姓皇族の子孫であり、過去にはそこから皇籍に復帰した例は数多く、即位にまで至った宇多天皇（第五九代）の例さえある（第3章参照）。皇婿の血筋としては十分のはずである。だが、前章でみた通り、皇族令に「皇族籍」という文言を用いることを戒めるなど、井上は「君臣の別」の厳格化に強いこだわりをもっていた。賜姓皇族の子孫といえども、井上からすればもはや「臣籍」の者であり、それが女帝の入夫となることで男系という不可侵の皇統が崩れることを怖れたのである。

一般国民の間では、家の継承のために便宜的に用いられた入夫婚姻という制度も、これを天皇家に準用しようとすれば、「臣籍」という「異姓」の混入による「易姓革命」にまで為政者は想像が及ぶのである。このことから、「姓」というものが、家名としての「氏」と異なり、男系の「血」を前提とする観念として意識されていたことが明確に理解できよう。


1──小田部雄次『皇族』中公新書、二〇〇九年、九五頁。

2──園部逸夫『皇室法概論──皇室制度の法理と運用』第一法規、二〇〇二年、五五九頁。

3──同上書、五五六頁。

4──同上書、五七四頁。

5──同上書、五七六頁。

6──同上書、五八七-五八八頁。

7──一九四九年五月「皇族の身分を離れた者及び皇族となつた者の戸籍に関する法律」改正（一九四九年法律第七三号）による。

8──竹島寛『王朝時代皇室史の研究』右文書院、一九三八年、一四七頁。

9──芝葛盛「皇室制度」、国史研究会編『岩波講座日本歴史　第10巻』岩波書店、一九三五年、五八頁
10──宮内庁書陵部編纂『皇室制度史料　皇族1』吉川弘文館、一九八三年、二七四頁。

11──豊田武『家系』東京堂出版、一九七八年、二六頁。

12──同上書、二六-二七頁。

13──同上書、二七頁。

14──宮内庁書陵部編纂『皇室制度史料　皇族3』吉川弘文館、一九八五年、二七九頁。

15──同上書、二七九頁
16──秋山虔『源氏物語の女性たち』小学館、一九八七年、一一-一二頁。

17──清水好子『源氏物語論』塙書房、一九六六年、二五五頁。

18──同上書、三三〇-三三三頁。

19——同上書、二八〇—二八一頁。
20——天台宗務庁総務局編『現行天台宗制規類纂』天台宗務庁総務局、一九二四年、一九七頁。
21——『皇室制度史料　皇族3』、三四一頁。
22——同上書、三四二頁。
23——新井白石著、松村明校注『折たく柴の記』岩波文庫、一九九九年、一三八頁。
24——大宅壮一『実録・天皇記』大和書房、二〇〇七年、二〇一—二〇五頁。
25——同上書、二〇九頁。
26——同上書、一九四頁。
27——有賀長雄『帝室制度稿本』日清印刷、一九一五年、九六頁。
28——小林宏・島善高編著『日本立法資料全集16　明治皇室典範　上』、二六四頁。
29——「皇室制規」伊藤博文編『秘書類纂帝室制度資料　上』秘書類纂刊行会、一九三四年、四〇七頁。
30——井上毅「謹具意見」『帝室制度資料　上』、二六六—二六七頁。
31——仁井田陞『支那身分法史』東方文化学院、一九四二年、七三二頁。
32——大郷穆編『明治法令抄訓・人事部　初篇』葵花書屋、一八七七年、三六—三八頁。
33——井上毅「戸籍意見案」、井上毅伝記編纂委員会編『井上毅伝　史料編第一』国学院大学図書館、一九六六年、一六三頁。

第4章

天皇家の結婚

1　皇族における結婚の不自由

身分・職業による婚姻の異相

現在、日本における婚姻制度は届出婚主義を採用している。

現行民法の第七三九条第一項で、「婚姻は、戸籍法の定めるところにより届け出ることによって、その効力を生ずる」と規定されている。

日本でこの届出婚主義が法制化されたのはそう古い話ではなく、一八九八年施行の明治民法からである。明治民法の第七七五条で、「婚姻ハ之《これ》ヲ戸《こ》籍吏《せきり》ニ届出《とどけい》ツルニ因《よ》リテ其《その》効力ヲ生ス」と規定され、届出婚主義が明文化された。そして一八九八年七月一六日、明治民法と同じ日に施行された戸籍法（以下、「明治三一年戸籍法」）で、すべて婚姻は同法の規定する届書を届け出るべきことが定められた（第一〇二条第一項）。

婚姻には父母の同意も必要であったが、男は満三〇歳、女は満二五歳を過ぎればそれも不要となった。だが、家族を監督する立場にある戸主の同意をも必要とすると定められ（明治民法第七五〇条）、その義務は当事者の年齢を問わなかった。

もっとも、戸主の同意を得ないまま婚姻届を出した場合に、役所の戸籍吏（一九一四年以降は市町村長）がこれを注意しても当事者がなお届け出たいと欲する時にはそれを拒めなかった（同法第七七六条）。つまり、戸主が首をタテに振らなくても、夫婦関係は成り立つのであった。

その代わり、戸主をないがしろにした家族に対しては、戸主による制裁が認められていた。戸主の家に嫁を迎えた息子を戸籍から除外する「離籍」や、婚家に入った娘が離婚して実家に復籍することを拒絶する「復籍拒絶」がそれである（第5章参照）。離籍または復籍拒絶となった者は入るべき家を失い、無戸籍となるので、明治民法第七三五条第三項に定める「一家創立」の手続きによって、自らが戸主となって新たな戸籍を編製する必要があった。[1]

同じ一般国民でも、華族および軍人の婚姻については、右に示した民法の規定に加えて、以下の要件が付された。

まず、「皇室の藩屏《はんぺい》（皇室を守護するもの）」とされた華族は、「臣民」のなかで最も天皇家に近しい身分とされた。爵位（公・侯・伯・子・男）や財産の世襲、貴族院議員の資格など諸種の特権が与えられ、「臣民」のなかでは唯一、皇族との婚姻が許されていた。その婚姻については、一八八四年に発せられた華族令（一八八四年宮内省達）第八条により、婚姻届出の前に宮内卿（のちに宮内大臣）の許可を得ることが義務づけられた。

また華族の家族が婚姻する場合も、届出をする前に、宮内大臣の許可を得なければならなかった。宮内大臣の許可なく婚姻の届出をした時には、華族としての礼遇が停止されたり、爵位の世襲が不可とされる場合があった。戸主が華族であれば、同じ戸籍にある家族は、平民出身であっても華族としての礼遇を受けるとされていた（華族令第六条）ので、平民が華族の家に嫁ぐ際にその血筋を吟味する必要があったのである。それゆえ、華族の戸籍は宮内省が管掌するものとされていた（華族令第八条）。

次に軍人の場合である。一八八二年の軍人勅諭に「我国の軍隊は世々《よよ》天皇の統率し給《たま》ふ所にぞある」とあるように、軍人は〝天皇の軍隊〟の一員としての忠節を求められた。したがって、婚姻に際しても分相応の相手であることが厳しく求められた。現役の軍人には婚姻の自由はなかったに等しい。ただ、陸軍と海軍では法令が異なり、階級によっても扱いが異なっていたが、いずれであれ、基本的に現役軍人の婚姻には勅許または所属長官の許可が必要とされた。

例えば陸軍では、一九二一年に勅令第四八一号「陸軍現役軍人の婚姻に関する件」等が発せられた。これにより、武官の中で最高位にある親任官（および親任官待遇の者）が婚姻するには、陸軍大臣の奏請により勅許を仰がねばならなかった。所管大臣の奏請→勅許というこの手続きは、皇族が婚姻する場合と同じであった。親任官以外では、将官は陸軍大臣、上長官・士官・准士官は所属長官、下士官・兵卒は所属部隊長の許可がそれぞれ必要とされた。それより下位にある士官候補生、主計候補生、現役見習士官等、および生徒の場合は婚姻そのものが禁止されていた[2]。

このように、すべての「臣民」の婚姻について、法は平等ではなかったのである。国家権力に近い身分や職階にあるほど、当事者の戸籍に「婚姻」の文字が書き込まれるまでに相当の手間と時間がかかったであろうことは想像に難くない。

天皇家の結婚をめぐる政略

このように華族や軍人ですら、自由に結婚できなかったことからすれば、天皇家ともなればそれ以上に不自由であったことは容易に理解できよう。

古代までさかのぼると、令制の下で、男子の皇族は臣下の女子をめとることはできたが、女子の皇族が臣下に降嫁することは認められていなかった。五世の王・女王は皇族に含まれなかったので、親王・内親王との婚姻は禁じられたが、二世〜四世の王・女王とは婚姻できた。また臣下の男子が五世の女王と婚姻することは許されていた。[3]

天皇の婚姻相手は皇族でなければならず、「異姓」との婚姻は認めないという不文律が古くからあり、大宝令には明文こそないが、皇后は内親王から選定するのが原則であったとみられる。[4]

だが、藤原不比等の娘である光明子《こうみょうし》を夫人とする首皇子《おびとのみこ》が即位して聖武天皇（第四五代）となった後、光明子は皇后へとその地位が引き上げられた。政権の中枢に食い込んでからまだ日の浅い藤原氏の、一族の勢力拡大をはかる計略によるものであった。これ以降、皇后となるのは皇族に限るという不文律は崩れ、藤原氏の中でも特に摂関家の子女が入内《じゅだい》（内裏に入る、すなわち天皇の妻妾となること）した後に皇后となる例は珍しくなくなった。

つまり、臣下から天皇家に嫁する者は、摂関家を出自とすることが通例であった。だが、摂関家どころか、武家の女子が天皇の后妃となったことが二度ある。

一度目は、平清盛の娘、徳子である。承安元年（一一七一年）に高倉天皇（第八〇代）の女御として入内した徳子は、翌年に中宮となった。彼女が産んだ皇子が治承四（一一八〇）年、齢一歳二カ月にして即位し安徳天皇（第八一代）となり、摂関政治における藤原氏と同様、天皇の外戚として清盛も政治権力をふるったのである。もっとも、第2章で述べた通り、武家といっても平家はそのルーツが賜姓皇族であるからこそ、徳子の入内も許されたのであろう。

だが、幼帝の末路ははかないものであった。平氏政権の横暴に堪えかねた以仁王が治承四年に発した平氏追討の令旨を機に源平の合戦が火ぶたを切った。その大詰めとなる元暦《げんりやく》二（一一八五）年の壇ノ浦の戦いで、源義経率いる源氏軍に攻め込まれた平氏軍は戦意を喪失し、入水による自決を選んだ。船上にあった安徳天皇は、観念した平時子（二位の尼）に抱えられて入水させられ、満六歳という歴代最年少でのあえない最期を遂げた。

二度目は、徳川二代将軍秀忠《ひでただ》の娘、和子《まさこ》である。和子は後水尾《ごみずのお》天皇（第一〇八代）に入内し、中宮となったものの、一宮をはじめ女子ばかりを産み、寛永三（一六二六）年にようやく恵まれた男子の高仁親王は翌年に亡くなり、その直後に生まれた二男も産後まもなく没した。寛永六（一六二九）年に「紫衣《しえ》事件」（後水尾天皇が幕府に無断で十数人の僧侶に紫衣着用の勅許を与えた事件）のあおりで後水尾天皇が退位したのを受け、寛永七年（一六三〇年）に満五歳の一宮が内親王宣下の後に即位し、明正《めいしよう》天皇（第一〇九代）となった。称徳天皇（第四八代）以来、七〇〇年以上絶えていた女帝の復活であったが、この時は後水尾上皇が院政を敷いて宮廷を取り仕切った。

だが、ここで疑問なのは、臣下から皇族に嫁した者は皇族の身分を得たのかということである。大宝令・養老令にはその点について明文はないが、後宮職員令や延喜《えんぎ》式《しき》中務《なかつかさ》省条には、諸王以上が臣家からめとった妻は、夫つまり皇族の品位《ほんい》（位階）に準ずることはできないとの規定があった。そのことから、親王・王の后妃となった者でも、内親王や女王でない限り、皇族には列せられなかったとみられる。[5]

縛られる皇族の婚姻

天皇が「現人神」に担ぎ上げられた明治になると、皇族の婚姻にはより重大な意味が付され、いきおい細かい制限が課されることとなった。旧皇室典範では、天皇の婚姻（大婚《たいこん》）については規定がなかったが、一九一〇年制定の皇室親族令で規定が置かれた。同令により「大婚」は、天皇が満一七歳以降に行われ（第六条）、皇后となるのは皇族または「特ニ定ムル華族」の女子で満一五歳以上、かつ直系親族または三親等内の、傍系血族（自分の兄弟の血族）でない者に限定された（第七条）。古代とは異なり、令制においてははっきりと規制されていなかった天皇の近親婚は、ここに明文をもって禁止された。

一方、皇族の婚姻は、次のように規定された。まず皇室親族令第三九条に、「皇族ノ婚嫁ハ同族又ハ勅旨ニ由リ特ニ認許セラレタル華族ニ限ル」とある。皇族の結婚相手は皇族か、または華族に限られ、後者については天皇が許可する相手でなければならなかった。さらに同令第四〇条には「皇族ノ婚嫁ハ勅許ニ由ル」との規定があり、勅許のない婚姻は無効とされた（皇室親族令第三四条）。

江戸時代には皇族の婚姻について勅許および徳川幕府の許可を受けるということは慣例として行われていた。[6] 皇族の婚姻には勅許を要するという原則を明文化したのは、この皇室親族令がはじめてであった。

後述するように、皇族の生活は天皇の監督権に服するものであった。一般国民のように戸主の同意がなくても婚姻届が受理されさえすれば婚姻が成立するのと違い、天皇の同意がなければ皇族の婚姻は成立しなかった。まず、皇族の婚約が成立するには勅許が不可欠であった（皇室親族令第二二条）から、天皇に無断で皇族が婚姻の儀式を挙げ、「その婚姻は無効」とされるような事態が生じる可能性は限りなく低かった。

現行皇室典範では、「立后及び皇族男子の婚姻は、皇室会議の議を経ることを要する」（第一〇条）こととされ、皇族の婚姻に対する天皇の同意については何ら規定がない。

これについて前出の園部逸夫は、「現行制度は、天皇の同意を要するか否かについては国の関与すべきことではないとして、皇室典範による制度化はしていないものと考えられる」との見解を示している。[7] そうだとすれば、天皇の勅許という国家的行為を要件としていた旧典範時代に比べ、皇族の婚姻は天皇家の「私的行為」という色合いを濃くしたかにみえる。だが、皇位継承に影響する皇族の婚姻が純粋な「私的行為」とみなされることはない以上、婚姻を制約する手段が

「勅許」から「皇室会議」へと形を変えたにすぎないのである。

2　天皇の妻妾たち——後宮は権勢の源

妾は日本の「通法」なり

「万世一系」の皇統においては、男系の永続に至上の価値があるとされる。旧皇室典範は、その第一条で「大日本国皇位ハ祖宗ノ皇統ニシテ男系ノ男子之ヲ継承ス」と、明確に男系男子主義を規定していた。これについて『皇室典範義解』は、「皇室ノ家法」[8]として「皇統ハ男系ニ限リ女系ノ所出ニ及ハサルハ皇家ノ成法ナリ」[9]との説明を加えている。

男系を正統とするこのような解釈は、旧皇室典範が成立して以降、〝自然〟なものとなった。例えば、先に取り上げた憲法学者の上杉慎吉も、「女系は血統なりと雖《いえど》も之を正系とせざるは、我が国固有の制度である、若《も》し女系も亦《また》継承の資格ありとすれば、皇統の一系たる所以《ゆえん》を保持すべからざるのである」[10]と述べている。

であるならば、男系男子による皇位継承を永続させるには、皇族男子が恒常的に存在しなくてはならない。そのための最も効率的な方法は、天皇が複数の妻をめとることであろう。これによって天皇は嗣子《しし》、つまり皇子を確保することができる。

男子が正妻以外に継続的な結合関係をもつ女性、それが「妾」である。「妾」というと、現代では卑しめていう言葉として捉えられがちであろう。しかも「妾」は、「内縁の妻」と混同されがちである。だが、明治期前半までは「妾」は、事実上の妻である「内縁の妻」と異なり、法的に婚姻関係を認められた身分であった。

　そもそも「めかけ」は、「主人が目をかける」という意味であり、時にこれを「てかけ」と言い換えたのは、「手をかける」という意味からである。武家や公家においては側室、側妻《そばめ》などと名称は多々あるが、要は正妻の二番手以降の配偶者ということに尽きる。

　武家社会および公家社会において、一夫多妻制の慣習が通用したのは、家の継承が第一義的な目的とされていたからである。家の存続、祖先祭祀の継続が、代々の家長の使命とされるため、正妻に〝お世継ぎ〟が生まれない場合は妾を置くことが必然とされていた。

　江戸前期に「古学派」の儒学者として名を馳せ、徳川幕府の指南役を務めた荻《お》生《ぎゅう》徂徠《そらい》は一八世紀前半に、八代将軍徳川吉宗に対して政治改革の書である『政談』を献上した。この書で徂徠は、「妾というものはなくて叶わざるものなり。当時（「今日では／近頃は」の意：引用者注）は妾をば隠しもののようにする事習わしの悪しき也。（中略）子なければ妾をおく事通法也」[11]（傍点、引用者）とし、妾を公然と置いておくことは日本社会の「通法」であると主張していた。倫理規範よりも現実政治を優先するという点で、徂徠は儒学者らしからぬ合理主義者であった

　それが天皇家となれば、君主の継承者を得るという大義名分がものをいい、側室を何人でも置

くことが当然のならわしとされた。

天皇家の血統維持という目的と不可分の関係にあったのが、「後宮《こうきゅう》」である。「後宮」とは、后妃を中心とした官女の総称であると同時に、それら官女の住まう場所を指す言葉でもある。

後宮は、天皇の私的空間にありながら、重要な公的使命を負わされていた。というのも、後宮の第一の存在意義は、皇胤を絶やさないために、天皇の寝所に侍妾を供することにあったからである。日本の官職に関する網羅的な解説書として名高い和田英松《ひでまつ》の『官職要解』（一九〇二年）には、後宮について「至尊の御寝所に侍せらるる女御更衣などを始《はじめ》として、内侍司《ないしのつかさ》以下の官女をまとめたのである」[12]と書かれている。つまり、天皇の愛欲に奉仕することが後宮の役割であったといっても過言ではない。

後宮の諸相――政略にまみれた結婚

後宮の起源は、大和朝廷が成立した七世紀までさかのぼる。

令制の下で后妃は、皇后、妃、夫人、嬪《ひん》という具合に格付けされていた。平安時代になるとこの規定は崩れ、皇后、夫人、女御、更衣に変わった。ことに平安時代の中期、藤原道長が権勢をふるった時期には、皇后と並ぶ存在として中宮が置かれ、これに次いで女御、典侍《ないしのすけ》、権典侍《ごんのすけ》という位が設けられた。[13]

いうまでもなく、天皇の〝正妻〟は皇后（中宮も含む）である。このため、それ以外の後宮の官女をみな「妾」と呼ぶ研究者もいる。

例えば、近代日本における歴史学の先達として著名な久米邦武は、「天子の正配は后《きさき》であつて妃《ひ》以下は妾である」とし、出自の貴賤に応じて女御、更衣などと呼び名を変えているが、そのようにしても「妾」は、寝間に給仕をする「下女」と変わらないと述べている。[14] 令制における女官（女房）には上臈《じょうろう》、中臈《ちゅうろう》、下臈《げろう》という家格に基づいた序列があり、なかでも下臈はその名が記録に残らないほどの下級女官であった。

とはいえ、下臈であっても、天皇の寵愛を受けて「天皇の燕寝《えんしん》に侍する」者、つまり天皇の寝所に呼ばれるようになれば、一気に厚遇を受けることとなる。それに加えて皇子を出産すれば、彼女の父は次期天皇の「外戚」となり、その官位も上昇して政権の中枢に食い込むことになる。もちろん后妃自身も、自分が産んだ皇太子が即位した時には皇太后となるので、皇后と同格かそれ以上の名誉と権威を得ることになる。

このような事情から、いきおい平安時代の後宮は、権力争いの手段と化した。藤原氏が摂関政治を成立させた際にそうであったように、臣下にある者が天皇の外戚という、きわめて有利な身分を得て権力を手中に収めようと、競って自らの娘を入内させたのである。かかる政略結婚の競合は、一夫多妻制だからこそ可能であったのはいうまでもない。

〝お役御免〟の後宮？

このように古代では幾多の変遷を経てきた後宮であるが、そのあり方と役割は、中世以降にいっそう変容を遂げることとなる。

室町時代以降、皇后、中宮が立てられなかった時期が長く続いた。この時は、典侍《すけ》などが天皇の后妃となって皇胤をもうけた。だが、典侍以外に大典侍、新大典侍、大納言典侍など、令制の規定をなおざりにした職が置かれ、天皇の妾妻であるか、単なる官女であるのか区別がつきにくくなるほどであった[15]。

だが、徳川時代も下るにつれ、妾の社会的地位は低下していった。貴族社会においても、妾を持つには、それだけの経済力が必要となるとともに、財産的利益のために妾となる女性が増加し、主人と妾の関係が「享楽的契約関係」と化したためとみられる[16]。

もっとも、結婚して多くの子どもに恵まれることは、いつの世も価値あることとされていた。そのことは、一家の跡継ぎとなり得る者の資質はさておき、まずは頭数の確保が第一という価値観を表していよう。

貴族社会にあっては、自家と同等かそれ以上の家筋と縁戚関係を結ぶことが、栄達への近道となる。これにより、上級貴族はその威光を維持できるし、下級貴族はその家格を一気に引き上げることができる。そして、どちらの場合も、政権の中枢に食い込む大きなきっかけとなりうる。このため、個人の自由な恋愛など二の次、三の次とされ、結婚というものが男の立身出世のための貴重な手段となったのである。

無論、女性にとっては、子（特に男子）を産めなければ、女姓としての本分を尽くしていないという否定的な評価が下されるため、「お世継ぎ」となる男子を出産すべしという重責が妾にものしかかる。

そうなると、天皇家のみならず、「お世継ぎ」の誕生が重大な国事となる徳川将軍家のような家でも、妾の数は多いに越したことはないということになる。一一代将軍の徳川家斉《いえなり》などは、一七歳の時に妻をめとって以来、知られているだけでも侍妾を二一人囲い、結果として五四人の子沢山となった。

徳川家斉には及ばないものの、古代には多産の天皇が珍しくなかった。大宅壮一の『実録・天皇記』によれば、光孝天皇（第五八代）には四五人の子があったが、「御母《みおも》未詳」となっているケースが非常に多い。その後も、醍醐天皇（第六〇代）は三五人、亀山天皇（第九〇代）は三六人と、かなりの多産であったが、いずれも「御母不詳」とされている例が多いという。[17]

生母が「未詳」といっても、母子関係は分娩という明白な事実によって確認される以上、〝父《てて》なし子〟はいても、〝母なし子〟というのはまずいない。そうであれば、生母「未詳」というのは、天皇の〝お手つき〟となって子を産み落としたものの、〝菊の御記録〟にその名を残しては憚られるような身分の低い侍妾であったとみられる。

明治天皇の皇后といえば、一八六八年に冊立された藤原忠香《ただか》の娘・一条美子《はるこ》である。だが、美子が懐妊することはついになく、皇子誕生のためには一夫多妻制を存続させなければならなかった。結局、後に大正天皇となる嘉仁《よしひと》親王を産んだのは、後宮から明治天皇の寝所に召された柳原《やなぎわら》愛子《なるこ》であった。

その他、多くの妾が明治天皇の寵愛を受けた。産んだ皇子がその日に亡くなった葉室光子（緋桃典侍）、同じく、産んだ皇女がその日に亡くなった藤原夏子（小桜典侍）、二人の内親王を産んだもののいずれも早逝した千種任子《ことこ》のほか、権典侍として園祥子《そのさちこ》、小倉文子、姉小路《あねがこうじ》良子、植松務子《ちかこ》、西洞院《にしのとういん》成子《しげこ》らが明治天皇の寝所に奉仕した。なかでも園祥子は、明治天皇との間に八人の皇子女（二男六女）をもうけたが、四人が夭折している。

だが、後宮制度にも徐々に整理が加えられ、旧皇室典範において、「皇后皇太子皇太孫ヲ立ツルトキハ詔書ヲ以テ之ヲ公布ス」（第一六条）と規定され、「中宮」は廃された。そして一九〇〇年五月、皇太子嘉仁は一五歳の九条節子（貞明皇后）を唯一の妻として迎え、天皇家における永年の伝統であった一夫多妻制は事実上、消滅した。

3 「婚嫁」か「降嫁」か――皇族女子の宿命

皇族女子の婚姻は「降嫁」なり

皇族女子が臣民男子に嫁する時は、皇族男子の「臣籍降下」と区別し、「降嫁」と称したことは既に述べた。どちらも本質的には「臣籍降下」であるが、女子の場合は旧皇室典範の第四四条で、「皇族女子ノ臣籍ニ嫁《か》シタル者ハ皇族ノ列ニ在《あ》ラス」と定められ、「臣籍に嫁する」ことは、自動的に皇籍を離脱することとなった。

その逆に、臣民が皇族となるのは、女子が天皇および皇族男子の配偶者となる場合のみとされた。旧皇室典範の第三九条により、臣籍の女子（ただし華族に限る）が、天皇および皇族男子と婚姻する際に、皇后、皇太子妃、親王妃、王妃などの皇族の身分を取得することが認められたのである。一般国民は皇族との婚姻によってしか皇族の身分を得ることが許されないということは、現行皇室典範でも変わらない（第一五条）。天皇家に婚嫁《こんか》する者は、戸籍を離脱して皇統譜に登録されると同時に、それまで称していた氏を喪失し、〝無私〟の人として生きることとなる。

一方、皇族の降嫁手続きに関しては、旧皇室典範に具体的な規定がなかった。これが法制化されたのは一九一〇年のことである。同年四月六日、「皇族ヨリ臣籍ニ入リタル者及婚嫁ニ因リ臣籍ヨリ出テ皇族ト為リタル者ノ戸籍ニ関スル件」（一九一〇年法律第三九号、以下「一九一〇年法律第三九号」）という長い名称の法律が公布された。同法第一条により、華族との婚姻や養子縁組などによって臣籍に入った元皇族は、離婚や離縁となって養家または婚家の戸籍から除かれた場合、既に臣籍に入った直系尊属が創立した家に入るか、それがない時は一家を創立して新たな戸籍を編製すべきものとされた。

皇族がひとたび臣民に降下したならば、臣民としてその身分を全うするというのが天皇家の家憲となったのである。

旧皇室典範の時代に降嫁した皇族女子は、表7(次ページ)に示すように三二名であった。いずれも、降嫁した相手は子爵以上の家柄である。

皇族女子の婚嫁のなかでも異例というべきは、一九二〇年に朝鮮王族の李垠《イウン》と婚姻した梨本宮《なしもとのみや》方子《まさこ》である。皇族の一員たる方子と李垠の婚約が報じられたのは一九一六年のことであった。この婚姻は、「日鮮同化の基礎」[18]などと称賛され、日本の朝鮮統治におけるプロパガンダの材料として活用されたことはよく知られている。もっとも、この婚姻は、梨本宮家の側で方子の嫁ぎ先となる皇族男子を見つけるのが難しく、一般の華族に嫁するよりは「皇族の礼」で遇される李王家に嫁する方が格が高いとみて縁談を持ちかけたのが事の真相のようである。[19]

前述のように旧皇室典範の第三九条において、皇族が臣下と婚姻する場合、その相手は華族に限られていたことは前述したが、朝鮮王族・公族の身分は華族とは異なり、「准皇族」であった。そのため、方子と李垠の婚姻を実現させるには、旧皇室典範第三九条の改正が必要となった。ただし、〝不磨の大典〟たる皇室典範であるため、「増補」という形式がとられた。かくして、一九〇七年以来二度目の「皇室典範増補」が一八年一一月に制定され、「皇族女子ハ王族又ハ公族ニ嫁スルコトヲ得」という規定が追加されたのである。

皇族ではない李王家に嫁した梨本宮方子は、「降嫁」したことになるのであろうか。「朝鮮王族・公族は華族と均《ひと》しく臣籍と見做すべきこと勿論《もちろん》なるに似たり」[20]という解釈もあるが、朝鮮王

表7　旧皇室典範体制における皇族女子の降嫁

皇族名	皇族当時の身分	降嫁先（爵位）	降嫁の年月日
安喜子女王	久邇宮朝彦親王第3女	池田詮政（子爵）	1890年12月24日
絢子女王	同　第5女	竹内雅忠（子爵）	1892年12月26日
素子女王	同　第6女	仙石政敬（子爵仙石政固継嗣）	1893年11月15日
栄子女王	同　第2女	東園基愛（子爵）	1899年9月26日
禎子女王	伏見宮禎愛《さだなる》親王第1女	山内豊景（侯爵）	1901年4月6日
貞子女王	北白川宮能久親王第2女	有馬頼寧（伯爵）	1903年2月6日
満子女王	同　第1女	甘露寺愛長（伯爵）	1904年11月14日
篶子《すずこ》女王	久邇宮朝彦親王第8女	壬生基義（侯爵）	1906年10月28日
実枝子女王	有栖川宮熾仁親王第2女	徳川慶久（公爵徳川慶喜継嗣）	1908年11月8日
武子女王	北白川宮能久親王第3女	保科正昭（子爵）	1911年4月17日
茂子女王	閑院宮載仁《ことひと》親王第2女	黒田長礼（侯爵）	1914年1月21日
由紀子女王	賀陽宮邦憲王第1女	町尻量基（子爵）	1915年4月30日
擴子《ひろこ》女王	北白川宮能久親王第5女	二荒芳徳（子爵）	1915年7月20日
恭子《ゆきこ》女王	閑院宮載仁親王第1女	安藤信昭（子爵）	1915年9月3日
恭子《やすこ》女王	伏見宮博康王第1女	浅野長武（侯爵）	1918年5月29日
安子女王	山階宮菊麿王第1女	浅野長武（侯爵）※	1920年11月9日
智子《さとこ》女王	久邇宮邦彦王第3女	大谷光暢（伯爵大谷彰如継嗣）	1924年5月3日
信子女王	同　第2女	三条西公正（伯爵三条西実義継嗣）	1924年12月9日
規子女王	梨本宮守正王第2女	広橋真光（伯爵）	1926年12月2日
華子女王	閑院宮載仁親王第5女	華頂博信（侯爵）	1926年12月13日
紀久子女王	朝香宮鳩彦《やすひこ》王第1女	鍋島直泰（公爵鍋島直映《なおみつ》継嗣）	1931年5月12日
美年子《みねこ》女王	北白川宮成久王第1女	立花種勝（子爵立花種忠嗣子）	1933年1月17日
礼子女王	竹田宮恒久王第1女	佐野常光（伯爵佐野常羽嗣子）	1934年3月26日
佐和子女王	北白川宮成久王第2女	東園基文（子爵）	1935年1月7日
恭仁子女王	久邇宮多嘉《たかおう》王第3女	二条弼基（公爵）	1939年4月2日
多恵子女王	北白川宮成久王第2女	徳川圀禎（公爵徳川圀順二男）	1941年4月14日
湛子《きよこ》女王	朝香宮鳩彦王第2女	大給義龍（伯爵）	1941年11月7日
美智子女王	賀陽宮《かやのみや》恒憲王第1女	徳大寺斉定（公爵徳大寺實厚二男）	1943年12月29日
正子女王	久邇宮朝融王第1女	龍田徳彦（侯爵）	1945年4月22日

※1　降嫁後に「寧子《やすこ》」と改名。
※2　浅野長武は寧子（恭子）と離婚後、安子と再婚した。

族・公族について「臣籍」の語を用いた例はなかったようであり[21]、『皇室皇族聖鑑　大正編』（一九三七年）では「大正年代に御降嫁の宮様」の中に方子は含まれていない[22]。

現行の皇室典範は、その第一二条で「皇族女子は、天皇及び皇族以外の者と婚姻したときは、皇族の身分を離れる」と定めている。また第3章第1節で述べたように、「皇族以外の女子で親王妃又は王妃となつた者」が夫を失った時、離婚した時、やむを得ない事情がある時は、皇族の身分を離れることができると規定されている（第一二・一三・一四条）。

つまり、天皇家において、婚姻や離婚、配偶者との死別といった家族関係に基づく理由によって家を出る、つまり皇籍を離脱するのは女子のみとなったのである。この規定は第5章で述べるように、女子は家の出入りによってその意思によらず自動的に身分が変更されるという家制度の原理に基づくものといえよう。

天皇家の戸籍情報――これは「不敬」なりや

婚姻などにより皇族が一般国民の戸籍に降下した時、または、一般国民が皇族に嫁した時に戸籍はどのように処理されたのであろうか。

先に述べた一九一〇年法律第三九号は、その第四条で、皇族が入る臣籍の家の戸主、あるいは臣籍から皇族となる者の家の戸主は、婚姻成立から一〇日以内に入籍または除籍となる者の「氏名、生年月日、本籍又ハ原籍、父母及其ノ者トノ続柄　並《ならびに》入籍又ハ除籍ノ原因及年月日」（傍点、引用者）を市町村長に届け出ることを義務づけている。

本籍は戸籍の所在地であるが、「原籍」というのは現在ではなじみのない用語である。

この「原籍」とは何か。明治三一年戸籍法に「原籍地及ヒ転籍地」（第一九五条第一項）、「原籍地及ヒ新本籍地」（第一九六条）という文言がある。それ以外には、「行旅病人ヘ救護ヲ加ヒタル時ハ管内外ヲ問ハズ直ニ原籍市町村長ヘ其身《そのみ》許《もと》引取方照会ヲ発スヘキ筈ニ候処《そうろうところ》」（一八九〇年一月一八日秋田県訓令甲第七号[23]、傍点、引用者）、あるいは「家族ガ他ノ市町村ノ他家ニ婚姻縁組入籍等ニ因《よ》ツテ入ル場合、（中略）之等《これら》ノ届出ヲ他市町村ニ為《な》シタル為《た》メ、原籍地市町村長ガ未ダ其ノ届書送付ヲ受ケテ居《お》ラヌ間ニ（後略）[24]」（傍点、引用者）といった用例がある。

これらの用例からうかがえるように、「原籍」とは本籍以外の場所に居住する者の本籍、または転籍したり新戸籍を編製した者のこれまでの本籍、すなわち「原本籍」を意味した[25]。それは、本人が「日本国籍」者であることを証明する。

通常、婚姻により妻が夫の戸籍に入る時、婚姻届には婚姻前の本籍を記載することからすれば、右に見た一九一〇年法律第三九号第四条にいう「原籍」とは「従前の本籍」（婚姻前の本籍）という意味であろう。だが、皇族から臣籍に降嫁する者には「従前の本籍」はない。したがって、「原籍」の語は皇籍に入る一般国民について用いられたものと考えられる。

では、皇族が降嫁した場合、夫の戸籍にはどのように記載されるのであろうか。

戦前、戸籍事務に関する国民向けの解説書（啓蒙書）が数多く刊行された。いずれも、出生、婚姻、養子縁組、入籍、失踪、家督相続、帰化などの届書の書式や戸籍の記載例を示して国民にその理解を促す内容であった。だが、筆者が調べた範囲では、皇族の臣籍降下や臣民の皇籍取得をめぐる戸籍および戸籍届書の記載例を見出すことはできなかった。

例えば、村上与一郎『戸籍届書式及記載例全集』（一九四四年）をみると、その第二九章の表題は「第二九章　皇族ヨリ臣籍ニ入ツタ者及ビ婚家ニヨリ臣籍カラ出テ皇族ト為ツタ者ノ戸籍事件」となっている。ところが、この章には戸籍記載例など何も載っていない。ただ次のような説明がなされているだけである。

> 其ノ届書式及ビ戸籍記載例ヲ茲《ここ》ニ示スベキデアルガ、事《こと》皇室ニ関シ、之ガ具体例ヲ作製シテ其ノ説明ヲ為スガ如キハ、不敬ニワタル懼《おそ》レアリ、（中略）旁《かたがた》茲ニ敬意ヲ表シ之ヲ省略セリ。[26]（傍点、引用者）

一般国民の場合であれば、「夫―甲野一郎」「妻―乙野花子」のように仮名を用いて戸籍記載例が示されるのが通例である。だが、こと皇族のこととなると、たとえ見本であっても、「○○宮××子」といった仮名を用いて戸籍記載例を創作するのは「不敬」に当たるおそれがあるため、差し控えられたのである。

正田美智子の天皇家〝入籍〟

右に述べたような、天皇家に関わる戸籍情報の公表をタブー視する風潮は、天皇の神格が否定された戦後になって、多少なりとも改められたであろうか。

戦後の宮家の縮小、すなわち、多数の皇族の皇籍離脱に際し、「皇族の身分を離れた者及び皇族となった者の戸籍に関する法律」（一九四七年法律第一一一号）が一九四七年に制定された。同法では、皇族女子が一般国民と婚姻する場合について、次のように規定された。

第四条　皇族以外の女子が皇后となり、又は皇族男子と婚姻したときは、その戸籍から除かれる。

第七条　第四条の規定により戸籍から除かれる者の四親等内の親族は、十日以内に、届書に除籍の原因及び年月日を記載して、その旨を届け出なければならない。この場合には、除籍の原因を証する書面を届書に添附しなければならない（一九四九年改正）。

かかる規定が初めて適用されたのが、皇太子明仁親王と正田美智子の婚姻である。二〇一九年四月三〇日の明仁天皇の退位をもって、皇后の美智子妃は「上皇后」となった。知られているように、彼女は明治以来、初めて「平民」から皇后の座にのぼった存在である。

一九五八年一一月、皇太子明仁との婚約が決まった正田美智子が皇太子妃として天皇家に入るにあたり、戸籍関係の手続きはどのように行われたのであろうか。

皇太子明仁と正田美智子の「結婚の儀」は一九五九年四月一〇日に催され、二人の婚姻は成立した。これをもって、正田美智子は一般国民の証しである戸籍から除かれ、皇籍の証しである皇統譜に登録されることとなる。換言すれば、皇太子との〝入籍〟である。

彼女の本籍は東京都品川区にあったので、品川区役所で除籍の手続きをしなければならなかった。一九五九年四月一〇日午前に「朝見の儀」を済ませた二人が馬車に乗っての「御成婚パレード」を終えた後、午後三時二〇分に美智子の父・正田英三郎の使者が宮内庁秘書課係長とともに品川区役所を訪れ、正田美智子の「皇族となった届出」を品川区長に提出した。これを受けて区長は、正田英三郎の戸籍の「美智子」の欄に「昭和参拾四年四月拾日皇太子明仁親王と婚姻により皇族の身分を取得したため父正田英三郎届出同日受附除籍」と記載し、美智子の名欄を朱線交差して抹消した。[27] そして、同年四月一三日、美智子は皇太子妃として、皇統譜に登録された。[28]

戸籍法は届出主義を原則としている。一般国民の身分関係に関する届出は二通りに分けられる。出生届や死亡届のように、発生した事実を一定期間内に報告的に届け出る「報告的届出」と、婚姻届や離婚届のように、届け出ることによってそれが法的に成立したものとなる「創設的届出」である。[29] 正田美智子のケースでは、「結婚の儀」をもって彼女が皇太子妃となった事実により、彼女の除籍届は報告的届出として扱われ、役所の側でもこれを受理するのが当然とされた。

表8　現行皇室典範における皇族女子と一般国民との婚姻

皇族女子の名	続柄	年月日	夫の名
孝宮和子内親王	昭和天皇三女	1950年5月20日	鷹司平通《としみち》
順宮《よりのみや》厚子内親王	同　長女	1952年10月10日	池田隆政
清宮《すがのみや》貴子内親王	同　五女	1960年3月10日	島津久永
三笠宮甯子《やすこ》内親王	三笠宮崇仁親王長女	1966年12月18日	細川護煇（近衛護煇）
三笠宮容子《まさこ》内親王	同　二女	1983年10月14日	千政之（第16代千宗室）
紀宮清子《さやこ》内親王	明仁天皇一女	2005年11月15日	黒田慶樹
高円宮典子女王	高円宮憲仁親王二女	2014年10月5日	千家《せんげ》国麿
高円宮絢子女王	同　三女	2018年10月29日	守谷敬

ただ、当時の品川区長は、正田美智子の除籍はできるだけ速やかに行うことが望ましいとして、宮内庁および正田英三郎と打ち合わせ、「御婚典即日除籍手続き」を行うことにしていた。というのは、一九七六年まで戸籍法は公開が原則とされており[30]、親族でない者が他人の戸籍を閲覧し、その謄抄本を請求することが認められていた。そのため、正田美智子の「御成婚」に際して、赤の他人から、彼女の戸籍謄本の請求が複数件あった。一日でも美智子が戸籍に残っていれば、その謄抄本の請求があった時にこれを交付せざるを得ず、それは好ましくないとの配慮があったのである[31]。

現行法の下で、皇族女子が非皇族男子と婚姻して皇籍を離脱し、夫の戸籍に入籍した例は、現在までに八件ある（表8）。その場合、戸籍には「○○年○○月○○日○○と婚姻届出皇族の身分を離れ同日入籍」と記載される（『戸籍』第四八八号、一九八五年二月[32]）。このような元皇族の戸籍への入籍の記載例がメディアで紹介されることは滅多にないが、少なくともこれを「不敬」とする空気は戦前よりもだいぶ薄まったということであろう。

1――離籍された家族は戸主と同居していなければ、離籍の事実そのものを知らない（知らされない）場合もあり、そのような者は無戸籍のまま生きる破目になる。遠藤正敬『戸籍と無戸籍』人文書院、二〇一七年、一六三頁。
2――一九二一年勅令第四八三号、同年陸軍省達第七三号。原田英明『日本婚姻制度』十字屋書店、一九四四年、五九–六〇頁。
3――竹島寛『王朝時代皇室史の研究』右文書院、一九三八年、一五九頁。
4――宮内庁書陵部編纂『皇室制度史料　后妃1』吉川弘文館、一九八七年、二頁。
5――宮内庁書陵部編纂『皇室制度史料　皇族1』吉川弘文館、一九八三年、七八頁。
6――『皇室制度史料　皇族一』、一一七五頁。
7――園部逸夫『皇室法概論――皇室制度の法理と運用』第一法規出版社、二〇〇二年、五四〇頁。
8――伊藤博文編『秘書類纂　帝室制度資料　上』秘書類纂刊行会、一九三四年、四三頁。
9――同上書、四四頁。
10――上杉慎吉『国体論』有斐閣、一九二五年、六五三頁
11――荻生徂徠著、辻達也校訂『政談』岩波書店、一九八七年、二九六–二九七頁。
12――和田英松『官職要解』明治書院、一九二六年、一九四頁。
13――角田文衛「後宮の歴史」『国文学　後宮のすべて』一九八〇年一〇月臨時増刊号、六二頁。
14――久米邦武『裏面より見たる日本歴史――平安初期』読売新聞社、一九一一年、一二四頁。
15――角田、前掲、六二頁。
16――原田前掲書、六頁。
17――大宅壮一『実録・天皇記』だいわ文庫、二〇〇七年、二一七–二一八頁。
18――『大阪朝日新聞』一九一六年八月四日付、社説。
19――新城道彦『朝鮮王公族』中公新書、二〇一五年、九六頁。
20――有賀長雄『帝室制度稿本』日清印刷、一九一五年、九六頁。
21――同上。
22――東洋文化協会編『皇室皇族聖鑑　大正編』東洋文化協会編、一九三七年、一七一–一七二頁。
23――『県令全書　明治23年　第1号』秋田県、一八九〇年、「訓令」三頁。

24――鎌田宗秀『戸籍の法理と実際　総論編』「戸籍の法理と実際」刊行所、一九三九年、三〇五頁。
25――広浜嘉雄『日本的私法制度論考』日本評論社、一九三九年、一六八頁
26――村上与一郎『戸籍届書式及記載例全集』敬文社、一九四四年、五〇一頁
27――北川一松「プリンセスの除籍手続きその他」『戸籍』第一二七号、一九五九年五月、七頁。
28――「皇太子殿下の御結婚」『戸籍』第一二七号、一九五九年五月、一〇頁。
29――遠藤『戸籍と無戸籍』、第一章第三節参照。
30――遠藤正敬『戸籍と国籍の近現代史』明石書店、二〇一三年、四五-四七頁。
31――北川、前掲、七頁。
32――「皇族の婚姻と皇統譜の登録等について」『戸籍』第四八八号、一九八五年二月、八五頁。

第5章

家の模範としての天皇家

1　「皇室の家父」天皇

皇室の〝戸主〟としての天皇

日本の家制度において、戸主は家の統制者として強い権限を与えられていた。これが戸主権と呼ばれるものである。

戦前から戦後にかけて司法官僚として戸籍行政の中枢を担った平賀健太は、戸主権について「戸主の家族に対する一の支配権である。身分的支配者としての戸主と、身分的隷属者としての家族の関係、即ち支配と隷属の関係こそは家内部の法律関係なのである」[1]と端的に述べていた。まさに家族を「支配と隷属の関係」に服させるのが戸主権なのである。戸主は家の構成員を選別しうる地位にあり、「家の玄関番」（我妻栄《わがつまさかえ》[2]）であった。

例えば、戸主には他家からの入籍に対する同意権が認められていた。この同意権は、戸主が家族を監視し牽制すると同時に、「家族団体の純潔」を保持することができるという観点から合理性のあるものとされた。[3]戸主が好まない人間を家に迎え入れることは、いたずらに戸籍上の「家族」を増やすことになるだけでなく、戸籍が〝汚れる〟ことにつながりかねない。〝家の純潔〟は、戸主と家族の支配―服従関係を維持することで守られるというのが、当時の通念であった。

明治民法では、第4章で述べたように、家族が戸主の同意を得ないまま婚姻や養子縁組をしたり、戸主の意に反する職業に就いたり、戸主から素行不良とみなされた場合には、「離籍」や「復籍拒絶」といった戸主による制裁が認められていた。このような戸主権は、戸主が一家の秩序、平和を維持するためのものと考えられた。[4]

天皇家にあって家長となるのは、天皇をおいて他にない。明治以前にあっては、例えば院政時代のように、皇位継承の順序について上皇・法皇が天皇の意思に関わらず決定することもしばしばあった。

だが、明治時代になって、「畏れ多くも天皇は皇室の家父にまします」[5]とされ、天皇はその家族を統制する立場にあることが法律上明文化された。旧皇室典範の第三五条で、「皇族ハ天皇之《これ》ヲ監督ス」と規定された。これは「凡《およ》ソ皇族ハ総《すべ》テ天皇監督ノ下ニ在《あ》ルコト家人ノ家父ニ於ケルカ如シ。此レ乃《すなわ》チ皇族ノ幸福及栄誉ヲ保ツ所以ナリ」[6]との考えに基づく規定である。

では、ここでいう「監督」とは、どのようなことを指すのであろうか。例えば、前章で述べたように、皇族の婚姻に対する同意権があった。旧典範の第四〇条は「皇族ノ婚嫁ハ勅許ニ由《よ》ル」と定めているが、それは「至尊監督ノ大権ニ依リ皇族ノ栄誉ヲ保タシメム」[7]ためであった。皇族を監督することは、「至尊」すなわち天皇の「大権」と位置づけられた。身分違いの相手との結婚によって「皇族ノ栄誉」を汚すことがないよう、天皇は皇室法上の「大権」として皇族に対する監督を行うべきものとされたのである。

〝家長〟天皇の懲戒権

既述のように旧皇室典範では、皇族に対する天皇の懲戒権が定められていた。

一般国民において、家長による「懲戒」といえば、「勘当」ないし「久離《きゆうり》」という制度が江戸時代にあった。これは、犯罪癖のある者、放蕩をほしいままにしている者、失踪して久しい者などを親族関係から断絶するものである。この処分は、親をはじめ親類、村役人などが町奉行または代官に「久離願」「勘当願」を申し出て許可を得ることで成立した。久離ないし勘当を宣告された者は、「帳外《ちようはずれ》」として人別帳から抹消され、「無宿」となる。家督相続権はもちろん、財産相続権や親の扶養を受ける権利も失った上で、家から追放される。ただし、久離ないし勘当となった事由がなくなれば、親兄弟、親類、五人組、村役人などが取消しを願い出れば容易に人別帳に復帰し、剝奪された権利も回復することができた。[8]

この制度に代わって「懲戒」が法律上成立したのは、一八九八年施行の明治民法からである。明治民法の第八八二条で、「親権ヲ行フ父又ハ母ハ必要ナル範囲内ニ於テ自ラ其子ヲ懲戒シ又ハ裁判所ノ許可ヲ得テ之ヲ懲戒場ニ入ルルコトヲ得」と規定され、親権者が子に対し懲戒処分を下すことが認められた。この懲戒には身体的な暴力も含まれていたが、子に対する「養育監護」「保護監督」は親の権利かつ義務である以上、懲戒も「親の特権」として認められるとされた。[9]

親権者のほとんどが戸主であるから、家族に対する戸主の統制権の一つとして、この懲戒権を位置づけることができよう。

華族についても懲戒は法制化された。一八八四年一月に「華族懲戒例」が施行されたが、これは「華族ノ品位ヲ保護スル為メ」（第一条）に制定されたものであった。華族に対する懲戒には、「譴責《けんせき》」（宮内卿から譴責書が出され、これを受けて改悛する）、「謹慎」（一〇日以上一年以内の自宅謹慎）、「除族」（華族からの除列）の三通りがあった。

そして、天皇による懲戒権が法制化されたのは明治以降のことである。第3章で述べたように、旧皇室典範第五二条で、「皇族其ノ品位ヲ辱ムルノ所行アリ又ハ皇室ニ対シ忠順ヲ欠クトキ」は、勅旨によってこれを懲戒し、それが重度の場合は皇族特権を停止もしくは剝奪できると規定されていた。しかも、それは皇族が未成年であると否とを問わなかった。

ここでいう天皇による「懲戒」には、「謹慎」「停権」「剝権」の三種類があった（皇族身位令第三六条[10]）。まず「謹慎」とは、当該皇族の将来を訓戒し、一〇日以上一年以下の期間、参内を禁止するというものである（ただし、特旨によって臨時参内を命じられる場合はあった。同令第三七条）。次に「停権」とは、皇族特権の一部またはすべての行使を一年以上五年以下の間で停止するものである（同令第三八条）。最後の「剝権」は、皇族が有する特権の一部またはすべてを剝奪するというものである（同令第三九条）。

旧皇室典範の時代、皇族に認められていた主な特権は、①皇位の継承、②皇族会議への出席③貴族院への出席、④枢密院会議への出席、⑤陸海軍武官への無条件の任官――などであったが、いずれも国政または国家機関に関与する権利であり、男子に限定されていた。男女ともに認められた特権としては、皇族は刑法上、特別に保護される（例えば、旧刑法第七三条「天皇、太皇太后、皇太后、皇后、皇太子又ハ皇太孫ニ対シ危害ヲ加ヘ又ハ加ヘントシタル者ハ死刑ニ処ス」）などの司法上の特別な地位が与えられることや、皇室経費から身位に応じた歳費が支給されることなどがあった。

これらの特権を剝奪された皇族は、第3章で述べた通り、勅旨により臣籍に降下させられることもあった。ただ、臣籍降下の勅旨を受けなかったとしても、臣民の手の届かないこうした特権が伴ってこそ「皇族」たる地位に列せられる意義があるわけであり、それを奪われた者は「皇族」と呼ぶに値しない存在となる。まさしく天皇家からの「離籍」もしくは「勘当」といえよう。

皇族が臣籍降下すれば基本的に華族の身分となり、爵位が与えられた（旧皇室典範増補第一条）のであるが、懲戒により降下した者には与えられなかった（同第四条）。このことからも、皇族に対する懲戒の重みがうかがえる。と同時にそれは、臣民にとり天皇家は倫理上の規範でなければならないという精神の表れでもある。

現行皇室典範において、皇族に対する「懲戒」の明文規定は廃止された。だが、第1章第1節で述べたように、その第三条に「皇嗣に、精神若しくは身体の不治の重患があり、又は重大な事故があるとき」（傍点、引用者）には皇室会議の議により皇位継承の順序を変更できるとの規定がある。この「重大な事故」の中には、「皇嗣が何か悪事等」をはたらいて懲戒処分を受ける、権利を剝奪されるという事態も含まれるとされる。[11] もし懲戒によって、皇族としての特権を剝奪された皇族は、皇籍離脱→戸籍創設という運びとなるのであろうか。だとすれば、その結果としてはじめて〝国民道徳の規範〟という重荷から解放され、一般国民と同等の生活環境に置かれるわけである。

夫唱婦随は君臣同じ

皇族の婚姻では、男女でその扱いが著しく異なることは、第4章で述べた通りである。皇族女子の場合は、天皇との血縁の遠近にかかわらず、臣民男子と婚姻したら、皇籍から除かれて臣籍に降下することとされていた。明治民法において、「妻ハ婚姻ニ因《よ》リテ夫ノ家ニ入ル」（第七八八条第一項）、「戸主及ヒ家族ハ其家ノ氏ヲ称ス」（第七四六条）と規定されたように、家制度の下では、夫の家に妻が入り、夫の氏（つまりは戸主の氏）を名乗るというのが婚姻の定式であった。

皇族女子についてもこれが適用され、「結婚に依りて臣籍に入り給《たま》へる皇族女子は、その夫の籍に入り給へるものなること、勿論なるが故に、皇族の列に在《あ》らざるなり」[12]と解釈されていた。氏姓をもたないことを本分とする天皇家にあって、臣家に嫁した皇族は「異姓」の者となるので、皇統譜からは除籍される。これについては『皇室典範義解』で、「女子ノ嫁スル者ハ、各々《おのおの》其ノ夫ノ身分ニ随《したが》フ。（中略）此《ここ》ニ臣籍ト謂《い》ヘルハ、専ラ異姓ノ臣籍ヲ謂ヘルナリ」[13]（傍点、引用者）と説明されている通りである。

では、降嫁した元皇族女子が夫と離婚した場合、どうなるのであろうか。

家制度の下では、夫婦が離婚した場合、夫の家に嫁入りした妻は実家に復籍し、実家の氏に戻るというのが原則であった。臣籍に下った元皇族の離婚にもこれが適用されれば、元皇族女子は実家つまり天皇家に〝復籍〟することとなる。だが、この場合において元皇族に適用されるのは民法ではなく、皇族身位令であった。同令第七条に「皇族ノ臣籍ニ入リタル者ハ皇族ニ復スルコトヲ得ズ」とあり、臣籍に下った元皇族女子が離婚しても〝実家への復籍〟は許されていなかった。そのため、その元皇族女子は一家を創立し、戸主となって臣籍にとどまる他はなかった。

このような法的処理をつかさどる根本原則は、ひとたび臣籍に降下して「異姓」となった者は皇籍に復帰することは許されないという、旧皇室典範によって定められた天皇家の〝家憲〟である。皇族出身であろうと、臣籍にある者は、臣民の家で生きていかねばならなかったのである。

こうした天皇家の〝家憲〟は、戦後も生き続けている。前述した一九四七年制定の「皇族の身分を離れた者及び皇族となった者の戸籍に関する法律」では、現行皇室典範第一二条の規定に基づき、一般国民と婚姻して皇籍を離脱した女子が離婚する時には新戸籍を編製するか、彼女の直系尊属で皇籍離脱した者が編製した戸籍に入籍することとされ、〝実家〟に復籍することは許されていない。

このように、現行皇室典範でも、天皇家における夫唱婦随主義は何ら変わっていない。第3章で述べたように、現行皇室典範の第一三条で、皇籍離脱した親王・王の妃は夫に従って皇籍を離脱するものと定められている。妃の意思に関わりなく、夫の皇籍離脱に従うことは、「妃たるものが夫の身分に従ふと云ふことは、従前の考へ方から致しますれば、当然」（一九四六年一二月一九日帝国議会貴族院皇室典範案特別委員会での金森国務相の答弁、傍点、引用者）と考えられていた。

夫唱婦随という日本の「醇風美俗」は、家制度を支える儒教的な伝統的精神であった。それはまた、戦前・戦後を通じて、天皇家の家憲であり続け、立法者もそれを自明の理として共有していたわけである。そのことが、一般国民の夫婦観念に与えた影響は、現在も根強い夫婦の「氏」をめぐる慣習——妻が夫の氏に合わせる——をみても明瞭であろう。[14]

隠居なき天皇家——終身的家父長制のさだめ

家長が年老いて心身の衰えが顕著になれば、家長たる地位を子（基本的に嫡長子）に譲るというのが、日本の伝統的家族法の原則であった。すなわち、隠居である。

もっとも、武家社会はその限りでなく、家長は隠居してからも〝大御所〟として隠然たる権力（ないしは権威）を有することが少なくなかった。一方、庶民の間では、もともと家長の権限はそれほど強いものではなく、老齢や病気などにより現役の労働から退いた家長は、息子夫婦の〝厄介〟にならざるを得ない。隠居してしかるべき年齢にありながら、しつこく家長の座に居座ろうとする者は、〝因業親父〟などとそしりを受けて白眼視された。

明治民法において隠居はあらためて法制化された。同法の第七五二条で、隠居が行われる条件として、①戸主が満六〇歳以上であること、②完全な能力を有する家督相続人が、負債も含めてすべての財産を引き継ぐこと、という二つの条件を定めていた。ただし、この二条件を満たさずとも、戸主が疾病により家政を執ることができない時（第七五三条）、戸主が本家を再興しなければならなくなった時（第七五四条）、戸主が婚姻などにより他家に入る時（相手が女戸主または家督相続人という場合。同条）には隠居が認められた。

いずれの場合も隠居は、戸主の自由意思に基づくものでなければならず、隠居志望者の居住地を管轄する裁判所の許可が必要であった。詐欺や強迫によって隠居の届け出があった場合は、隠居者または家督相続人は裁判所に取消しを請求することができた。武家社会にみられたような親族による「押し込め隠居」は許されなくなったのである。

そして、日本の戸籍は届出主義が原則であるから、裁判所の許可を得た隠居者と家督相続人は、隠居届を市町村長（一九一四年以前は戸籍吏）に提出し、これが受理されてはじめて隠居が有効となる仕組みであった。

ただし、女戸主が隠居する場合は年齢は問われず、裁判所の許可も不要であった（明治民法第七五五条）。例えば、女戸主に子がいない場合、夫を家督相続人に指定して隠居届を出せば、隠居は認められた[15]。なぜ女戸主に限ってこれほど容易に隠居が許されたのかというと、女戸主は家督相続する男子がいない時の応急的な代行役にすぎなかったからである。そこには、前述した入夫婚姻での女戸主の扱いにおける精神と同等のものが流れている。

ここで考えておきたいのは、隠居という制度と儒教的伝統との関係である。戸主が隠居の身分になれば、新たな戸主となった子の監督に服することとなる。

これは、「孝」の道徳観念に基づいて、父子を絶対的な上下関係として捉える儒教倫理からすれば、認め難い状況である。そもそも中国における「隠居」は、俗世を離れて田舎や山林で静かに暮らす「隠棲《いんせい》」を意味し、跡継ぎに家督を譲るという意味はない。中国の歴代皇帝をみても、生前に譲位した例はわずかである。

天皇家では「隠居」という言葉こそ使われなかったが、生前に譲位することは、明治になるまで行われていた。だが、そのほとんどの理由が年齢や疾病によるものではない。穂積陳重《ほづみのぶしげ》の言葉を借りれば、「政事上の理由に因《よ》り自ら退隠し、又は他人の為に退隠せしめらる、もの」であり、「政事的隠居」であった。例えば、①臣下の権力者が専制を敷くために君主に交替を強いる、②君主を幽閉し、自分がその座に就くべく退位を強要する、③政治上の責任が君主自らに及ぶのを避けるべく、他人にこれを譲り、実権は自らが握るべく隠居する、④政治上の志を失って厭世の情から閑居する。こうした「政事的隠居は、本邦の歴史上著名の実例極めて多し[16]」と穂積は述べている。

天皇譲位の歴史を顧みると、皇極四（六四五）年に皇極帝（第三五代）が同母弟の軽皇子《かるのみこ》に譲位し、孝徳天皇（第三六代）が即位したのが最初の例とされる。その後、天平勝宝元年（七四九）年に聖武天皇（第四五代）が皇女阿倍内親王に譲位し、彼女が孝謙天皇（第四六代）として即位した。これ以降、天皇の譲位は、諸々の政治的理由が絡んでほぼ定例となった。

平安時代になると、藤原基経《もとつね》との確執が続いていた陽成天皇（第五七代）が、基経の強請によって譲位するという事件が起きた。さらにこの時代には、天皇が退位して上皇となった後、今上天皇の父あるいは祖父という血縁関係を利用して政治的権力をふるう「院政」が出現した。白河上皇、後白河上皇、後鳥羽上皇らによる院政の例は知られていよう。この院政にしても、天皇が存命中に譲位する（させられる）ことが慣習的に認められていたことがその前提となっていた。これらはまさに、穂積陳重のいう「政事的隠居」の代表例といえた。

だが、このように慣例化していた天皇の〝隠居〟も、旧皇室典範によって封じられる。その第一〇条で、「天皇崩《ほう》スルトキハ皇嗣即チ践祚シ祖宗ノ神器ヲ承《う》ク」と定められ、天皇の終身在位が義務づけられたのである。

なぜ天皇の譲位は廃止されたのであろうか。『皇室典範義解』をみると、鎌倉時代末期に行われるようになった「両統迭立」（持明院統〔後の北朝〕と大覚寺統〔後の南朝〕とで交替で皇位継承すること）は、「南北朝ノ乱亦之《またこれ》ニ源因セリ」[17]とあるように、天皇の譲位は、天皇家の内紛や分裂を惹起するとの認識から、天皇が死亡した場合にのみ、皇位継承を認めるようにしたと説明している。そしてそれは、「上代ノ恒典ヨリ中古以来譲位ノ慣行ヲ改ムルモノ」[18]であるという。つまり、聖武天皇以来、江戸末期まで続いていた天皇譲位の慣例を改めたというのである。だが、「南北朝ノ乱」は当時からみてほぼ五〇〇年前に収束した出来事であり、その後は譲位に起因する目立った皇室の内紛や分裂はみられず、牽強付会のきらいがあった。

こうして、天皇の〝隠居〟は旧皇室典範により不可とされ、天皇は家長としての権限と責任を終生全うすることがその任務とされたのである。天皇が病を得た場合に置かれる摂政も、「天皇ノ名ニ於テ大権ヲ行フ」（明治憲法第一七条第二項）とあるように代行役でしかなく、その地位は天皇の下位に置かれた。

日本の家制度の根幹をなす儒教的家父長制の原理は、まさしく天皇家において最も理想的に体現されることとなった。それは天皇に〝生涯現役〟という重責を課すこととなり、二〇一六年八月、齢八二の明仁天皇が〝隠居願〟を表明するに至ったのである。

2　皇統と「庶子」――「国民道徳の規範」としてのジレンマ

妾廃止をめぐる攻防――皇統維持に妾は不可欠？

明治政府は、欧米列強との協調を図るべく「開国和親」の外交方針を掲げ、西欧の自由主義思想もある程度は受け容れることとなった。これまで邪教として禁圧してきたキリスト教についても、信仰の自由を認めるに至った。明治維新から喫緊の課題となっていたのは、一八五八年に締結した不平等条約の改正である。条約改正にこぎつけるには、西欧の法文化を受容し、「文明国」として成長した姿を示す必要があり、それにはキリスト教の解禁が一番の近道であると支配層が考えたとしても何ら不思議はない。

そこでの試金石となったのが、婚姻制度の改革である。西欧のキリスト教的文明観では、厳格な一夫一婦制に基づく婚姻制度こそが、国家と社会の発展の指標となると考えられていた。[19]

ところが、明治三（一八七〇）年一二月二〇日、最初の刑法典として制定された新律綱領（太政官布告第九四四号）では、妾の存在は公認されていた。婚姻や親族関係をめぐる他の法律や制度との関係上、親族の範囲を決める必要から「五等親図」が定められたのであるが、ここで妾は妻と同様に「二等親」とされたのである。

新律綱領は、中国の親族法に倣った親族概念に基づく規定であり、養老令における「五等親」に修正を加えたものであった。「新律」という名が示す通り、「王政復古」にふさわしく古代の大宝・養老律令（律は刑法、令は行政法・民法にあたる）を復活させ、これを中国の明律および清律に依拠して再編したものであった。[20]そのため、そこには儒教的な家族秩序が色濃く投影されていた。

妾の存在を近代国家として公認するか否かは、国内法上の問題にとどまらず、先述のように、不平等条約の改正という外交問題と結びついていた。このため明治政府は、欧米が「文明国」と認めるに足る近代的法体系を整備する上で、不合理とみなされる儒教的な身分概念に大幅な修正を加える必要に迫られた。

かくして、武家・貴族社会のみならず天皇家においても古来から〝自然法〟とされてきた蓄妾制の是非が、国政の場で論議の的となったのである。

その主たる舞台となったのが、刑法制定をめぐる元老院会議である。一八七六年七月、元老院発議による意見書「有妻更娶律条《ゆうさいこうしゅうりつじょう》（正妻のほかに女性をめとることに関する規則）ヲ設クルノ件」（号外第一一号）の審議が開始された。起草者の細川潤次郎議官はこの法案について、「今ヤ一夫多妻ノ悪習」の廃止は「我邦文明ノ治ヲ進メテ其《その》高等ニ至ラシメントスルヤ事ノ緩急遅速ヲ問ハス」[21]、急を要すると主張した。元老院会議では、賛否さまざまな意見が出された挙げ句、意見書は否決された。

ここで注目したいのは、皇位継承と関連づけて妾には存在意義があるとする意見が出たことである。

当時、明治天皇には皇后美子《はるこ》のほか、後の大正天皇となる嘉仁親王を産んだ柳原愛子《やなぎわらなるこ》、葉室光子（緋桃典侍）、藤原夏子（小桜典侍）、千種任子《ちぐさことこ》らの後宮がついていた。このように、天皇に侍妾を置くことは依然として認められており、この事実を論拠とすることで、妾必要論を強く押し出すことができた。実際、元老院会議において柴原和《しばはらやわら》議官は、「何トナレバ我ガ皇統ノ天壌《てんじょう》ト極リナク綿々継承スル所ノモノハ妾以《もっ》テナラスヤ。若《も》シ之《これ》ヲ廃スルトキハ皇統ノ関係極メテ大ナルヘシ」と述べ、妾の存在によって皇統は存続し得たのであり、蓄妾は「数百年来ノ風俗」[22]であると評価して、その存続を主張している。

フランスのお雇い外国人ボアソナードの指導の下、一八七八年に起草された刑法草案では、総則編の第一一四条で「親属」の範囲が定められたが、「一等親」は祖父母・父母・夫妻までとされ、妾はそこから除かれていた。同年三月、大野透権大書記官《ごんのだいしょきかん》、尾崎三郎大書記官他四名から提出された「妾名《しょうみょう》存廃ノ儀」に関する建議書はこの原案に反対した。そこでは、「男統ヲ貴《とうと》ヒ女統ヲ賤《いやし》ム」という男系主義は蓄妾制のおかげで保持されるのであり、皇統をはじめ日本の「国法習俗」もこれに由来しているという男尊女卑思想に依拠した妾存続論が展開された。[23]

刑法草案の中に妾をどう位置づけるかという問題は、一八八〇年四月六日と一六日に開かれた元老院での審議（第三読会）で再燃した。[24] 刑法草案の親属規定における「一等親」の中に妾を含めるとともに、妾に関する姦通や重婚の規定を設ける修正案が、元老院会議に付託されたのである。

原案に反対する論拠として、皇統を基軸とする「国体」の論理がここでも持ち出され、そこから、妾制度を存続させる正当性が説かれた。

この反対派の中心にいたのが、柴原和であった。柴原は四月六日の第三読会において、刑法草案の条文に妾の文字を加えるべき理由について、「皇胤ヲ万々世ニ伝フルト人民ノ安寧ヲ保スルニアリ。若《も》シ妾ヲ廃セハ、或《あるい》ハ皇胤ヲ無窮ニ伝《つた》フルコトヲ得サルヲ恐ル。人民モ亦《また》祖先ノ血食セサルニ至ラン」と述べていた。皇統を永続させるとともに、一般国民においても「血食」すなわち祖先に対する祭祀を絶やさないためには妾が不可欠であることをあらためて力説した。さらには、「外国人ハ至尊ニ進謁スルニ方《あた》リ、特ニ其《その》感触ヲ生セシムル者ハ数千年来一系連累ノ帝祚タルニ由ルナルヘシ。其然《そのしか》ル所以ノ原因ハ即チ典侍アルニ因《よ》レリ」[25]（傍点、引用者）とし、天皇に拝謁する外国人にとって、天皇が「数千年来」の血統を保持していることから受ける感銘は大きく、その万世一系の皇統は「典侍」すなわち妾あってのものであると熱弁を振るったのである。

先述の修正案に賛成する大給恒《おぎゅうゆずる》議官も、柴原と同様、皇統を維持する上で妾が果たす重要な役割を強調し、「茲《ここ》ニ皇統ノ絶ヘサル線ノ如キモ今幸《さいわい》ニ典侍ニ皇子ヲ誕シタルヲ以テ全国人民モ稍《や》ヤ安心セルモノナリ」「目下妾ヲ廃セントスルハ国家ノ治安ヲ謀《はか》ラサルモノ、言《げん》ノミ」[26]というように、廃妾論は国家の安寧を脅かすといわんばかりであった。折しもその前年（一八七九年）に明治天皇の典侍柳原愛子が嘉仁（後の大正天皇）を産んだという事実が、彼の主張にとって大きな後ろ盾となっていた。

皇統保持を論拠としたこれら原案反対派の主張に対して原案賛成派の柳原前光は、大宝令に倣って妾を妻と対等に扱うことは、今日の「人文進歩」の時勢にあって「守旧姑息」であると非難した。さらに、廃妾は万世一系の皇統に累を及ぼすとの原案反対派の意見に対して、「帝位継承ノ法ハ憲法ヲ以テ定ム可《べ》キモノニシテ素《もと》ヨリ他ノ民人ト異ナリ。故《ゆえ》ニ万世一系ノ悠久ニ対シ故障ナキハ無論、刑法上ニ於テ妾ヲ保護セサルモ之ヲ廃セシムルニ非《あら》サレハ妾ヲ娉《め》シテ妨ケナク」[27]（傍点、引用者）と反論した。

つまり、皇位継承に関する規則は憲法によって定めるのが筋であり、一般国民と同列に論じるべき問題ではない。何より、妾に対して刑法上の保護を与えないからといって、妾そのものを廃止するわけではなく、これを持つことを妨げるものではないというのである。そして、正妻の子と妾の子が正しく区別できていれば、民法や相続法に影響を及ぼすことはないので問題ないというのが、〝進歩派〟を装った柳原の真意であった。

最終的には、柳原が「方今《ほうこん》治外保護ノ堅城ヲ破リ条約ノ改正ヲ欲スルニ方《あた》リテ此刑法ヲ布クハ固《もと》ヨリ如此《かくのごとく》セサルヲ得サルナリ」[28]と述べているように、喫緊の課題である不平等条約を改正するには、西欧の法理論に則った刑法案を採るのが得策であるという現実主義論が決定打となり、一八八〇年七月一七日に刑法（太政官布告第三六号）が公布され、翌年一月一日に施行された。これを契機として、一八八三年七月三日に太政官指令で「妾ハ法律上之ヲ認メサルモノ」[29]と明文化されたのである。

結局、天皇家において皇后を配偶者とする一夫一婦制が事実上、確立されたのは大正天皇になってからである（第4章第2節参照）。もっとも、天皇や皇太子から庶子が生まれる可能性がなくなったわけではなく、皇庶子にも皇位継承権を認めた旧皇室典範第四条がそのまま残ったことで、皇族庶子の扱いをめぐる火種もなくならなかった（これについては後述する）。

変化する「庶子」の処遇

ここまで述べた通り、明治前期までは一夫多妻制は法律上、認められていた。妻と妾は同等な地位ではないにせよ、夫の配偶者として戸籍に記載された。だが、それぞれが産んだ子の扱いに区別が設けられていたことには注意を要する。

あらためて整理しておく必要があるのは、「嫡出子」と「非嫡出子」との区別についてである。後者には「私生子」と「庶子」という二通りの呼び方があった。大宝・養老令以来の親族法では、嫡子・庶子の区別はあったものの、「私生子」と「庶子」のような区別は、家督相続が重大問題となる武家以外では一般的ではなかった。[30]「庶子」とは本来、「妾腹《めかけばら》の子」を意味したが、一八八〇年の刑法制定まで妾は合法とされていたので、その時期までの「庶子」を「婚外子」として一括りにするのは不自然である。

先に述べた新律綱領における「戸婚律立嫡違法」をみると、「嫡長子孫」がいながら、その死亡や疾病等の理由なく庶子を家督相続人とする者には「杖《じょう》七十」（杖で七〇回打たれる）の罰を与えた上で「嫡子」を相続人に改めさせると規定されていた。不義の結果として生まれた庶子には家督相続権は与えないこととされたのである。ただし、この場合の「庶子」とは、家長が妻および妾以外の女性との間にもうけた子のことを指し、一夫多妻制を前提とするものであった。それが、一八七五年一二月の太政官指令により、妻妾以外から生まれた子はすべて「私生子」とされ、実父の認知を得た「私生子」を「庶子」と呼ぶこととなったのである。

そして、明治民法および明治三一年戸籍法をもって一夫一婦制による届出婚主義が確立し、法が定める「婚姻」に該当しない男女の結合は一般に「内縁」とされ、背徳的なものと位置づけられた。「内縁」の子には「私生子」という法律用語があてられたが、父が認知すれば法律上、「庶子」となり、「私生子」とは区別された。

認知に際して戸主の同意は必要とされず、婚外子の父が任意に認知することができた。これについて明治三一年戸籍法は、「庶子出生ノ届出ハ父ヨリ之ヲ為シ私生子出生ノ届出ハ母ヨリ之ヲ為スコトヲ要ス」（第七一条第二項）と定めていた。「庶子出生ノ届出」とあるのは、父が婚外子の出生届をすれば、同時に認知もなされたこととなり、「庶子」の届出になるということである。

父の家に入った庶子は、家の維持という目的から家督相続権が認められた。そこでは相続の順位は、女子の嫡出子よりも男子の庶子の方が優先された。これは、血統よりも男尊女卑の価値観に重きを置いた規定であることはいうまでもない。

問題は、婚外子がすんなりと父の家に入れるかどうかである。家制度において、戸主の同意の下に婚姻した夫婦の「嫡出子」であれば、戸主は自分の家に迎え入れざるを得なかった。だが、家族が生んだ婚外子は、戸主が関知しない子である。このため、明治民法に「家族ノ庶子及ヒ私生子ハ戸主ノ同意アルニ非《あら》サレハ其家ニ入ルコトヲ得ス」（明治民法第七三五条第一項）とあるように、戸主の同意がない限り、婚外子はその家に入ることができなかった。ただし、父が戸主であれば、父が認知した時点で入籍も同意が得られたこととされた。

さらに一九一四年の戸籍法になると、出生届には「子カ私生子又ハ庶子タルトキハ其旨」を記載することが定められた（第六九条第二項）。戸籍における戸主との続柄は、「私生子男」とか「庶子女」と記載された（出生届にも同様に記載された）。これにより「私生子」は〝邪淫の子〟として、いわれなき差別の対象となり、結婚や就職などに際しても理不尽な扱いを受ける原因となった。

だが、一九三〇年代になって日本が戦時体制に入ると、政府は「挙国一致」を進めるため、婚外子差別の緩和を検討するようになった。「私生子に対するいはれのない片よつた見方と差別待遇とはできるだけ取り除いてやらなければならない[31]」との意図から、司法省は一九四二年二月一〇日に民法を改正（一九四二年法律第七号）し、民法条文中にあった「庶子及ヒ私生子」という語は「嫡出ニ非サル子」に、「私生子」という語は「子」に改められた。これに伴い、戸籍法をはじめとする民法関連法から「私生子」という語はことごとく姿を消した[32]。

ただし、「私生子」は、法令上の用語からは削除されたものの、その後も日本社会では差別的な意味を帯びて使われ続けた。現行戸籍法においても、出生届に「嫡出」か否かを記載する義務規定は残されている。これは、法が認めるところの〝正しき婚姻〟を国民に遵守させる上で心理的な圧力となり続けている

皇族が「庶子」を「認知」するとは？

ここでまず、天皇家における「庶子」と皇統譜の関係について、第2章で取り上げた「皇族令」の起草過程での論議にあらためて目を向けてみたい。

柳原前光が起草した「第二柳原案皇族令」（一八八九年）に対して、「皇族令ニ対スル意見」に

おいて井上毅がほぼ全面的な修正を要求していたのは第2章第3節でみた通りである。そこで大きな争点のひとつとなったのが、天皇家における「庶子」と認知の関係であった。

「第二柳原案皇族令」の第一五条では、「皇族離婚シ又ハ養子女トナリ又ハ庶出女子ヲ認《みとめ》テ皇族牒籍ニ登録セントスルトキハ予《あらかじ》メ勅許ヲ要ス」と定められていた。皇族の離婚、養子縁組、そして庶子の認知、それぞれを「牒籍」に登録する際に勅許を必要とする理由について、柳原は次のように考えていた。

皇族の離婚において、臣籍から皇族に嫁した女子が離婚する場合は、皇籍を離脱することになるので重大事であり、また「皇族ハ国民ニ対シ倫道ノ標準タルヘキ徳義上ノ責任アリ」（傍点、引用者）、軽々しくこれを行うべきではない。皇族が「皇族外ノ家」に養子に入る場合も、「皇族ノ出タルノ品位ヲ辱シムル如キ家門ノ養子トナルハ間接ニ皇室ノ尊厳ヲ損スル」ため、勅許を必要とするのである。

とりわけ、庶子の認知と牒籍への登録は「極メテ重大ノ事」である。「胤《たね》ノ明カナラサルモノニシテ或《あるい》ハ皇族ノ子タル名ヲ冒サントシ或ハ帝室ノ尊厳ヲ辱シムヘキ賤女子ノ出タル者ノ如キハ之ヲ皇族ニ列シテ皇位継承ノ尊権ヲ得セシムヘカラサルコト無論ナリ」[33]というのである。

柳原は、「牒籍」に間違いがあってはならず、登録に際しては慎重にこれを行い、みだりに訂正や補足を加えてはならないと重ねて提言していた（第2章第3節参照）。先の引用からも、柳原が天皇家について、一般国民にとっての倫理的規範たる責務を負う存在であり、身分登録に際しても、その尊厳が損なわれるようなことがあってはならないと考えていたことは見て取れよう。それゆえ、皇族が離婚したり、家格の低い華族の養子となるようなことがあってはならず、ましてや出自が賤《いや》しい女子を皇族に列したり、詐称による「庶子」を認知して「牒籍」に登録したりしてしまえば、皇位継承の「正道」まで損なわれるのであるから、離婚や養子による皇籍離脱よりも事は重大だと捉えていたわけである。

だが、皇族が「庶出子女」を認知するとは、いかなる状況を意味するのであろうか。前に述べたように「認知」とは、父親が判然としない子、すなわち「私生子」を父が「実子」として認めることである。皇族男子が「私生子」を認知する、または皇族女子が「私生子」を産んでこれを認知するというのは、国家としては物理的にも倫理的にも異常事態である。

井上の批判もそこに向けられる。「庶出子女ヲ認メテ登録スルノ一事ハ重大ナ疑義ナルカ如シ」と捉える井上は、次のように主張する。皇室典範において庶子の存在を明文化したのは「古来ノ典礼」に則ったもので、「古例」によれば「庶出」は誕生した時点で「庶生」の身分を得るのであり、父の認知を待って初めて父子の関係が成り立つのは「欧州ノ風俗」である。したがって、庶子の認知など必要なく、「一タヒ此ノ疑義ノ門ヲ啓《ひら》クトキハ恐ラクハ雋不疑《しゅんふぎ》、大岡越前守《えちぜんのかみ》ヲシテ罪人タラシメム※」ことになる。そもそも、皇族の離婚や養子には勅許が不可欠であったから、「牒籍」への登録それ自体に勅許が必要であるかのような誤解を招くこの条文の削除を求めたのである。[34]

次に、柳原の任務を引き継いだ矢野文雄が起草した「第三皇族令案註解」(一八九一年)について、みてみよう。

柳原案で物議を醸した皇族庶子の登録について、矢野案ではその第一二条で、「皇族其ノ庶出子女ヲ皇族記録ニ登録セントスルトキハ予《あらかじ》メ勅許ヲ要ス。但《ただ》シ庶出子女ノ登録ヲ請フハ出産後三十日以内ニ於テスヘキモノトス」と修正された。さらに、離婚および養子の登録に関する規定は削除された。皇族庶子の登録を厳格化したのは、「皇族ニハ皇位継承ノ権アリ、其胤《そのたね》ヲ明《あきら》カニセサルヘカラス」との考えからであった。それに加えて、「初《はじめ》ニ於テハ之ヲ秘シ年所ヲ経ルコト久シキニ及テ皇族ノ胤《たね》ナリト称スル如キハ事態ノ軽カラサルモノ」[35]であるというのも、厳格化の理由であった。つまり、十分に成長してから「皇胤」を名乗る者が現れるような由々しき事態が生じることを避けるために、このような厳格化がなされたわけである。

矢野案に次いでまとめられた「第四最終案皇族令」の第一六条では、「皇族ハ勅許ヲ得ルニアラサレハ其《その》庶子ヲ認知スルコトヲ得ス。但《ただし》勅許ヲ請フハ出生後三十日以内ニカギル」[36]とされ、皇族の庶子の認知には、出生後三〇日以内に勅許を請わねばならないと規定されるに至った。

ただし、皇族による認知が実際に必要となる事態が生じれば皇室の品位を汚すことになるため、天皇家にそのような不祥事は起こり得ないという保証を法令上明示しておく必要があった。

具体的には、一九〇二年に制定された皇族誕生令(一九〇二年勅令)において、「皇子ノ誕生ニハ宮内大臣若《もしく》ハ内大臣ヲシテ産殿ニ候《そうらわ》セシム」(第一条)、「皇族ノ子ノ誕生ニハ宮内高等官ヲ遣《つかわ》シ産所ニ候《そうらわ》セシム。但シ場合ニ依リ他ノ高等官ヲ以テ之ニ代フルコトヲ得」（第七条）と規定された。皇子の出産には宮内大臣または内大臣閣僚が、その他の皇族の出産には宮内高等官が立ち会うことで、実父不明の皇族が生まれるようなことはないとの信用を確保しようとしたのである。

加えて、皇族誕生令の第一一条には、「皇族ノ誕生命名ニ関スル事項ハ図書頭之ヲ皇統譜ニ登録ス」とあり、この段階ではまだ法制化されていなかった皇統譜の役割が示された。

だが、皇族誕生令には「皇庶子」についての定義がなかった。同令を廃止して一九一〇年に制定された皇室親族令では、その第四一条で「皇子ニシテ嫡出ニ非サル者ハ之ヲ皇庶子トス」、第四六条で「皇太子皇太孫親王王ノ子ニシテ嫡出ニ非サル者ハ之ヲ庶子トス」と規定されたものの、結局、その認知については規定が設けられなかった。

つまり、天皇および皇族が正妻（皇后）以外の女性との間に設けた子は、出生の時点で「皇庶子」または「庶子」とされたわけである。これは、「皇族女子ニシテ私生子ヲ分娩スル場合アルコト実際ハ想像シ得ヘキモ皇室典範ハ斯《かか》ル場合ヲ認メス」[37]という立法者の本音の表れでもあった。国民の倫理的規範となるべき天皇家にあって、「私生子」をもうけるという〝不埒〟はあり得な

※――井上が引いている雋不疑《しゅんふぎ》は前漢時代の、大岡忠相《ただすけ》（越前守）は江戸時代中期の、いずれも政治家である。前者は武帝の皇太子を自称する男をにせ者として処刑し、後者は二人の自称「母」による「子争い」を裁いたという逸話が知られている。おそらく井上は、皇族による庶子の認知を法制化などしたらかえって煩わしくなると考え、それを主張する材料として、疑わしい親子関係について政治家として即断即決した二人の例を挙げたものと思われる。

いことを示す一種のプロパガンダであったともいえよう。

皇位継承における庶子の扱い

旧皇室典範の第四条では、「皇子孫ノ皇位ヲ継承スルハ嫡出ヲ先ニス。皇庶子孫ノ皇位ヲ継承スルハ皇嫡子孫皆在《あ》ラサルトキニ限ル」と規定されていた。皇位継承の順番では、嫡出の皇子孫が優先され、嫡男が一人もいない時に限って、庶子が皇位に就くことが認められていた。「皇庶子」の皇位継承をこのように認めていたのは、天皇家では古来、一夫多妻制を慣例としてきたからである。ただし、天皇家における「庶子」「庶出」とは、皇后以外の配偶者が産んだ子を指す。

現に後水尾天皇（一〇八代）の侍妾、園光子《そのみつこ》（京極局《きょうごくのつぼね》）が産んだ後光明天皇（第一一〇代）以降、後西（第一一一代）、霊元（第一一二代）、東山（第一一三代）、中御門（第一一四代）、桜町（第一一五代）、桃園（第一一六代）、後桜町（第一一七代）、後桃園（第一一八代）、光格（第一一九代）、仁孝（第一二〇代）、孝明（第一二一代）、明治（第一二二代）、大正（第一二三代）と、皇后または中宮以外の侍妾を生母とする「庶出」の天皇が一四代続いた（ただし、桃園、後桜町、後桃園は父帝に皇后・中宮が立てられなかった）。皇統を断絶させてはならないという至上命令を前にして、「我カ国ノ庶出ヲ絶タサルハ実ニ已《や》ムヲ得サルニ出ル者ナリ」（『皇室典範義解』[38]）と理解されていた。

だが、前述の通り、旧皇室典範では、天皇による認知に関する規定は設けられなかった。

天皇と侍妾の間に生まれた子は、実父が天皇であることが明らかであるから、生まれた段階で

「庶子」となる。これについて皇室親族令第四一条は、「皇子ニシテ嫡出ニ非サル者ハ之ヲ皇庶子トス」と定めていることは既に述べた。

ここでいう「嫡出ニ非サル者」は、父親が不明の「私生子」ではないとの政府見解に基づく文言である。一九二五年の臨時法制審議会（後述）では、次のような説明がなされている。

皇族の子が誕生した場合、宮内省がこれを「調ベル」こととなっており、「果シテ皇族ノ御子サンデアルヤ否ヤトイフコトハ、先ヅ此規定ニヨツテ一応ノ保証ヲ為シテ、ソレデ私生子と云フモノハ認メナイノデ、皇族ノ御子サンデアル以上ハ、生マレナガラニシテ之ヲ庶子トスルト云フ原則ガ採ツテアル」。つまり、間違いなく皇族の子であるのか、生母は何者であるのかを確認することになっていたのである[39]。一般国民に適用される民法の規定とは異なり、天皇家に生まれた子は、入念な〝調査〟によって出生が確認できた時点で〝認知〟が成立したというわけである。

具体的にみると、皇族の子の誕生に際しては次のような手続きが踏まれていた。まず侍医の診察により皇后および皇族女子の妊娠が確定してから三カ月以後に「御妊娠」が発表される。妊娠が確定した九カ月後には「御着帯式」が行われ、出産に際しては侍医頭、産科侍医、小児科侍医、女官長、助産婦、その他宿直侍医が奉仕した[40]。

そして皇子が生まれる場合には、宮内大臣または内大臣が産殿に派遣され（皇室親族令第三五条）、そこで「皇庶子」という地位が決定されることになっていた。皇族の子にしても同様で、宮内省高等官が産所に赴き、皇族の庶子であることを決定した。これは戸籍法において、一般国民の出生に際し、出生場所を出生届に記載するよう規定しているのと同じ意味であった。[41] 誕生した子を皇統譜に登録する時は、正確を期すべく、宮内省図書頭が宮内大臣の面前で登録したという。[42]

このような厳正な手続きを通じて「皇庶子」が認定される以上、一般国民の間で生じる「父ガ単純ニ自己ノ意思デ、誤ツテ認知スルコト」や「騙《だま》サレルコト」[43]などは、天皇家においては起きようがないと考えられていた。

もっとも、皇后以外の侍妾が産んだ「皇庶子」を皇后が「養子」（つまり〝正妻の子〟）とすることで「皇太子」に昇格させるという慣例もあった。例えば、明治天皇の典侍・柳原愛子《やなぎわらなるこ》が生母であった大正天皇は、八歳の時に明治天皇の皇后一条美子《はるこ》の「養子」となった上で一八九〇年に立太子の儀を踏んで「嘉仁親王」となった。この過程について、皇統譜には次のように記録されている。

皇太子
御名　嘉仁
今上天皇第三皇子
御母　皇后美子
御所生　権典侍柳原愛子

「御所生」つまり生母は柳原愛子であることが明記されている。

さらに、この皇統譜には「明治弐拾《にじゅう》年八月参拾壱《さんじゅういち》日皇后御実子儲君治定《ちょくんじじょう》」[44]（傍点、引用者）とある。明治二〇（一八八七）年に嘉仁は、皇后美子の「実子」として儲君治定、つまり後継者に指名されたということである。これには、皇統譜令の起草過程で馬場瑛一（法制局参事官）が「外国トノ関係上皇后様カ御産アラセラレタルカ如ク公告シタルコトアリ」[45]と証言しているように、一夫多妻制を否定する欧米に対して日本が〝非文明国〟であるとの印象を与えないよう、皇統譜の上では〝正妻〟たる皇后を「御母」として記録するという政治的な配慮もはたらいていた。

したがって、天皇に「皇庶子」が生まれたとしても、皇位継承の時点でそれを「実子」すなわち「皇子」に改めるということが慣例化していたのであるから、〝皇庶子の皇位継承を認めるか否か〟という論点は、実質的には意味をなさないといえた。

「皇室は道徳の源泉なり」

庶子を法的にどのように扱うべきかという問題は、家族をめぐる倫理的な問題でもある。一九二五年から翌二六年にかけて開かれた臨時法制審議会において、この問題は天皇家との関連でかつてなく活発に論議された。臨時法制審議会は、内閣総理大臣が監督する審議会であり、一九一九年七月に原敬内閣によって設置された。同審議会の第一回総会（一九一九年七月一〇日）での訓示で原首相は、「我国《わがくに》固有ノ淳風美俗ニ副《そ》ハサル法律制度」の多くは「民法上家族制度ニ関スルコトト信スル」と述べ、「相当ノ改正」を実現するよう要望した。[46]

かくして、この審議会では明治民法の改正が中心的な議題となり、なかでも、日本の「淳風美俗」と天皇家の家族法をめぐって激論が交わされることとなる。審議会に提出された民法親族相続編改正要綱案をめぐり大きな争点のひとつとなったのが、庶子が実父の家に入る時に実父の妻の同意を必要とするという事項であった。法学者の川島武宜《たけよし》にいわせれば、これは「家父長権を弱めること」[47]になるため、多くの反対の声が上がった。

その中で、ひときわ目を引く論陣を張ったのが、花井卓蔵である。花井は二三歳という若さで弁護士資格を取得した秀才で、足尾鉱毒事件で弾圧された農民たち、大逆事件に連座した幸徳秋水それぞれが法廷に立たされた時、被告人の弁護を買って出るなど人道派の弁護士として知られる。政治家としては衆議院議員を七期（一八九八〜一九一七年）務めた後、一九二二年に貴族院議員に勅任されている。

花井は、妻の同意権に反対するに際して、天皇家と一般国民とで家族法の理念および原則を統合すべきこと、より正確にいえば、皇室法に一般国民の家族法を符合させるべきことを主張した。

第一八回総会（一九二五年一月一四日）の場で花井は、「我日本ニ於テ親族制度ノ改廃ヲ企テルニ当ツテ、最も注意セザル可《べか》ラザル所ノモノハ、皇室ニ於カセラレテ見給《たま》フ所ノ親族関係ト、我《われ》等《ら》庶民ノ見ル所ノ親族関係ト、其《その》軌ヲ一《いつ》ニシナケレバナラヌ」のであり、それが日本の「淳風美俗ガ保チ得ラレル所以《ゆえん》」[48]となると主張した。

これに対して、元内閣法制局長官の岡野敬次郎は「若《も》シ民法ノ斯《こ》ウ云フ規定ヲ皇族ニ嵌《は》メルト云フコトニナレバ、其所謂《そのいわゆる》家ト云フコトハ皇族ト云フ大イナル家ニ入ルト云フコトデ、其各宮ノ家ニ入ルト云フ意味ニハナラヌコトニナルノデアリマスカラ、（中略）私ハ根本ノ考ヘカラ違ッテ居《お》ルノデハナカラウカト斯《こ》ウ思フノデアリマス」[49]（傍点、引用者）と述べ、そもそも「家」の観念が天皇家と一般国民とで根本的に違っていると異を唱えていた。

だが、この段階での応酬はまだ序幕にすぎなかった。皇室法での規定に一般国民を従わせることが「淳風美俗」であると譲らない花井を軸にして、「君臣」の家族法を統一することの是非をめぐる議論が白熱したのは一九二五年五月二日の第二三回総会でのことである。

ここで花井は、「此《この》機会ニ於テ皇室ト臣民トノ間ニ於ケル親族関係ヲ同ジウシナケレバナラヌ」[50]のは、皇室が「日本ノ国史国体ノ上ニ於キマシテハ、淳風美俗ノ源泉」であるとともに「皇室ハ我《わが》宗家デアル、我々ハ其赤子《そのせきし》デアル」からであり、「皇室先《ま》ヅ範ヲ垂レサセラレテ下之《しも》ニ倣フト云フコトノ、美シキ俗ヲ造リ出サナケレバナラヌ」[51]（傍点、引用者）と力説してやまなかった。つまり、天皇家の家族法こそが、臣民の家族法の規範となるべきことを強く主張していたのである。ここには、皇室こそが日本の「宗家」であり、臣民はその「赤子」であるとする「国体」イデオロギーの根幹をなす家族国家思想が表明されていることが見て取れよう。

花井はこれに続けて、「皇室典範ヲ繙《ひもと》イテ見レバ、皇庶子大統ヲ継承シ給フノ規定ハアルノデアリマス、而《しこう》シテ皇庶子ノ皇室ノ系譜ニ掲ゲラレル場合ハ、（中略）皇后ノ同意アルヲ要ストハ書イテイナイ」[52]（傍点、引用者）と述べ、天皇の庶子を皇統譜に登録する際に皇后の同意が必要であるとは規定されていない、というデリケートな部分に切り込んでいる。

何しろ、皇室を「道徳の源泉」「醇風美俗の源泉」とする主張は、天皇が「現人神」とされる当時にあっては、「一種の不可抗力たる能力をもつもの」[53]として絶大な効果をもったのである。実際、花井の主張に反対する論者も、皇室に関する部分については、「皇室ノ関係ハ此所ニ論議スルハ憚《はばか》リマスガ」（美濃部達吉[54]）と及び腰にならざるを得なかった。

花井は原案に反対する上で、家における血統の維持という論拠も掲げているが、以下にみるように、これが見事なまでに父系の血統の保持を重視する家父長主義に基づくものとなっている。

> 血統ノ子ガ家ニ入リ得ルト得ザルトノ区別ヲ生ズル、妻ニ重大ナル権利ヲ与ヘルト云フコトニナルト、之《これ》ハ言葉ハ激デアルカ存ジマセヌガ、共同生活ノ一種ノ忌ムベキ汚ナイ権利観念ヲ家ニ積立テルコトニナリハシナイカ《か》ト思フ。（中略）私ガ此案ニ反対スル所以ハ、苟《いやし》クモ此《この》血統ニ向《むか》ツテ他家カラ入リタル女ガ示威スル権利ヲ有スルノミナラズ、血統ノ者ヲ家ニ入ルルコトヲ拒ムノ権利ヲ授クルト云フコトハ、ドウシテモ許ス可《べか》ラザルコトヽ思フノデアリマス、之ハ実ニ日本ノ国史国体ノ上ニ於テ、法律観念ノ上ニ、此改正ト云フモノハ一大革命デアツテ、一種ノ日本ノ制度ノ破壊ナリト云フコトヲ申シテ宜シイト、強ク感ズルノデア

リマス」[55]（傍点、引用者）

花井にいわせれば、戸主にとって妻は他家から入ってきた異なる血統の者である。戸主の血統を受け継ぐ庶子の入家に反対する権利をその妻に認めることは、夫唱婦随という淳風美俗への違背であるのみならず、「国史国体」にとっての「革命」というべきものである。それゆえ、「血統ヲ重ンジサセ給フ帝室ノ御趣旨ト、血統ヲユルガセニシナイ臣下ノ心トハ、同ジデナケレバナラナイ」[56]と主張するのである。

つまり、花井にとって「血統」とは、「父ノ血統、家ノ主人ノ血統」[57]に他ならなかった。これは、儒教的伝統に立って男系男子の血統のみを「万世一系」の皇統と仰ぐ天皇家のイデオロギーと寸分たがわず合致するものであった。

以上のような、皇室を国民道徳の源泉とする花井の原案反対論に対して、「日本家族法の父」といわれた穂積重遠《しげとお》は言葉を慎重に選びつつ、次のように原案を擁護していた。

皇庶子の皇位継承を容認している旧皇室典範では、「皇后陛下ニ御異存ガアル時ハドウ云フコトニナルカ」という問題は初めから考えられておらず、むしろ皇后の同意が当然の前提なのであり、「今迄《まで》ノ我国ノ皇室関係ガ、皇庶子ガ後ヲ継イデ御出《おい》デニナルニ拘《かかわ》ラズ、円満ニズット参ッテ居ルノハ其《その》意味合ヒデハナカラウカト思フノデアリマス、併《しか》シナガラ、不幸ニシテ、臣下ニ於テハ必ラズシモサウ円満ニハ参リマセヌ」。

このように穂積は、国民道徳の鑑《かがみ》として天皇を敬う花井の主張を逆手にとって、天皇家のようには「下」は道徳的に成熟してはいないと匂わせつつ、庶子の入家《にゅうか》に対する妻の同意権を認めることで、庶子が家督を継いだ後もその母（つまり父の妻）と「円満ノ関係」を続けていけるであろう[58]という原案のねらいを強調したのである。

また美濃部達吉は、皇室と国民道徳の問題に直接的に言及するのは避け、親族法において皇族と一般国民とを別にしなければならない特殊な事情があるとした上で、「今日ノ婚姻ニ関スル考《かんがえ》ハ、日本ノ婚姻ハドウシテモ一夫一婦ト云フコトヲ原則トスル、庶子ト云フ者ハ、之ハ道徳的ニ非難スベキモノデアルト云フコトヲ必ラズ認メナケレバナラヌ」[59]（傍点、引用者）とし、民法の定める一夫一婦制こそが一般国民の遵守すべき普遍的道徳であるという論理でもって、原案への賛成を表明した。

結局、庶子の入家における妻の同意については採決の結果、可否同数となり、議長平沼騏一郎の賛成によって、花井の奮闘もむなしく原案通り可決された。[60]花井の熱弁もあだ花に終わったわけである。もっとも、この民法親族相続編改正要綱はその後、立法化されるには至らず、画餅に帰した。

これらの議論からうかがえるように、天皇家は皇位継承という重大な国家的責務を負う以上、天皇家における一夫多妻制は、これが否定される一般国民の家族倫理とは別次元の境地にあるという理論的予防線を張らなければ、一般国民の庶子問題を道徳的な観点から批判することは、皇庶子の扱いに踏み込むこととなりかねず、「不敬」と非難される惧《おそ》れがあった。このため、天皇家の家族生活をめぐる議論は、いきおい萎縮する傾向にあったため、その詳細は分厚いベールの内側に覆い隠されるのである。

家制度廃止は皇室法に影響したか

敗戦を迎えた日本で民主化が進められるなか、一九四七年一二月の民法改正によって、「嫡・庶」差別の元凶である家制度が廃止されるとともに、「庶子」という用語が民法から削除された。それでも、「嫡庶」の区別は、一般国民の間で残り続けた。明治民法（第一〇〇四条）において規定された、婚外子に対する相続差別（相続分が嫡出子の半分となる）が、新民法にも残された（第九〇〇条）ためである。

このことは、皇位継承資格における「嫡庶」の区別が新皇室典範にも引き継がれたことと無縁とはいえない。皇室典範改正審議では、「庶出」「庶系」の天皇を認めるか否かをめぐって、新憲法が規定する「法の下の平等」ともからんで、さまざまな議論が交わされた。その詳細は奥平康弘の『「萬世一系」の研究』（二〇〇五年）に譲るとして、ここでは筆者の関心に引き寄せて、いくつかの論点を取り上げてみたい。

まず、皇室典範改正にあたって宮内省が作成した、「昭和二一年七月九日」と日付のある「皇室典範として考慮すべき問題」と題された文書がある。そこには、「一二、庶子を皇位継承資格者より除くか」という問いがあり、「仮りに除くとすれば、（イ）その処遇をどうするか（ロ）戸籍上の扱いをどうするか（ハ）認知の問題をどうするか（ニ）現存の庶子の皇族の処遇をどうするか」[61]という論点が提示されている。このうち（ロ）は、皇族の庶子を一般国民とすることを念頭においたものであろう。

これに関連して、貴族院皇室典範案特別委員会（一九四六年一二月一九日）の場で渡部信《まこと》議員は、すでに衆議院で可決された皇室典範改正案の第一五条について、次のような質問を発している。第一五条は、一般国民の女子が皇后となる場合か、皇族男子と婚姻する場合に限って、その者は皇族の一員となると規定したものである。

> 此の婚姻前に、皇族に事実上のあれで一般国民との間に庶子がおありになつた場合、さうして其の人を後に妃となさつたと云ふやうな場合に、其の庶子は嫡出子になるのでありませうが、さう云ふ時に嫡出の庶子でありました男のお子さんがおありになつたとして、其の方も庶子ではありませぬが同時に皇族となれるのでありませうか。[62]（傍点、引用者）

つまり、皇族男子が一般国民との間に庶子を設けた時、その相手と婚姻すればその庶子（男子）は「嫡出子」、すなわち「皇族」の身分となるのか、という質問である。ほんの一年ほど前であれば、「不敬」とのそしりを受けかねない大胆な発言である。だが、宮内省図書頭《ずしょのかみ》をはじめ、同省諸陵頭《しょりょうのかみ》、帝室博物館総長など皇室関係の要職を歴任し、天皇家に関する〝事情通〟であった渡部だけに、何の根拠もなく発言したとは思われない。

これに対して金森徳次郎憲法担当国務大臣は、「皇族が正式の婚姻外に於て子孫を御持ちになると云ふこと」は新皇室典範でも想定していないため、それに関する規定は設けていない[63]と答弁していた。

すでに旧皇室典範の時代において、皇族の婚姻成立の要件や出産の段取りは厳格に定められており、皇族が「私生子」をもうけ、その認知をする可能性は、法制上生じない建前となっていたことはこれまでに述べた通りである。

だが渡部は、金森の答弁に対して簡単には承服せず、「それは当然御両親の結婚に依つて嫡出子になるのでありますから、さう云ふ場合は男子であつても皇族として宜《よ》いやうにも思はれるのですが、さう致しませぬと人情にも反すると考へますが、其点《その》は御研究を願ひます[64]」（傍点、引用者）と食い下がっていた。

ここでの渡部の発言が意味するのは、父の認知を得た「庶子」は、父母が婚姻の届出をすれば「嫡出子」となるという「準正」規定（明治民法第八三六条、現行民法第七八九条第一項）を皇族にも適用してはどうかというものである。皇族として認められない庶子に対する「人情」もあったにせよ、旧皇室典範の改正によって皇位継承が嫡出男子に限定されることを受けて、むしろ皇族男子をいかに確保するかという問題意識から来た提言であろう。こうした事態が想定されるということは、「民主化」が進展するなかで、皇族の地位がそれだけ一般国民のそれと近くなったという社会意識の萌芽を反映したものといえよう。

拮抗する新憲法と皇室法——女性議員からみた皇位継承

また、新憲法第二四条において、男女の本質的平等の原理が確立されたことを受けて、これと皇位継承における男系男子主義との矛盾をめぐる議論が浮上した。

その一例を、一九四六年一二月一二日に開かれた衆議院の皇室典範案委員会の中から拾ってみよう。皇室典範改正案の男系男子主義をめぐり、質問に立ったのが、新妻《にいづま》イト議員（日本社会党）である。新妻は、戦後初の衆議院総選挙（一九四六年四月）で当選を果たし、日本史上初の女性議員となった一人であり、家制度がもっていた男尊女卑の価値観を、皇室典範改正案の男系男子主義の中に見て取り、これに対して次のように批判を浴びせたのである。

戸主制度が廃止され、妻の権利が従来よりも向上した現在、皇位継承が男系男子に限定されているのは非常に矛盾しており、「今度の新憲法によりまして、女もどうやら人間並みになつたのでございますから、この男系の男子ということをどうかしてとつていただくことができないかしら」と「女の立場から」問うた。続けて新妻は、「これ（男系男子のみの行為継承：引用者注）がありますと、新憲法によりまして、今までの世界に類例のなかつた家族制度というものをいくら破りましても、実際の上におきましてやはり男系の男子が幅をきかして、女性というものが奴隷化されて来るということを恐れているのでございます」[65]と問題を提起した。

新妻の質問に対して金森国務大臣は、次のように答弁した。

「今の民法の変つて行きます考え方」としては「家」を廃止することであり、これは「利害関係が、その関係している人達だけの問題」である。だが、皇位継承ということになると、「国の大きなものの中の中心的存在であります所の象徴という地位が順次承け継がれて行くという関係でありまするが故に、一般の財産の相続というものとは全然違つております。（中略）これは天皇御一家のことではなくして、国全体の一つの中心たる考《かんがえ》がいかにして充たされて行くかということでありますが故に、法律的に申しますと、実は家族制度とは別のことでありまして、何らの関係はない、こういうことになろうと思います」[66]（傍点、引用者）。

つまり、今般の皇位継承法においては、新しい家族制度の精神も取り入れているとしつつも、「日本の国民全体の結合体である国」という観点からすると、一般国民の家族制度と同じ次元で皇位継承を論じるべきではないというのが、金森の基本姿勢であった。

天皇家は「国民道徳の鑑」であり続けるのか

それでは、「現人神」から「人間」へと変わった天皇とその一族を、一般国民の倫理的規範であると仰ぎ見る思想はなくなったのであろうか。

一九四六年九月一〇日に開かれた、憲法改正案を審議する貴族院会議において、皇族における婚姻の自由をめぐる議論が交わされた。そのなかで、貴族院の主流会派である「研究会」所属の織田信恒《のぶつね》は、次のような質問を提示した。

自然婚姻問題と云ふものが、矢張《やは》り優生学的の立場から見ても、皇族以外の国民から選ばれると云ふやうなことが当然起つて来るのだらうと思ひますが、その中で取り分け皇后若《もし》くは将来皇后となられるやうな女性を選ばれると云ふやうなことは、之は皇室典範の中に入るものでありませうか、それは矢張り皇室若くは皇族の私事として、その外にあるのでございませうか。（中略）日本の女性は矢張り日本の象徴として皇后を仰ぎますし、又将来の天皇の母となられる方で、清らかさ、温かさと云ふものが望まれる訳でありますが、斯《こ》う云《い》ふやうなことが皇室典範の中に入りますのですか、それとも私事として外に出るものでありますか。[67]（傍点、引用者）

「優生学的の立場から見ても」という言葉からうかがえるように、皇族、ことに皇位継承者の配偶者を非皇族から選ぶことについては、相応の出自の者でなくてはならないという天皇家の〝家憲〟に照らしても皇室典範に規定を設けることの方が、皇室の「私事」として尊重することよりも重要である、という意見とみてよい。いかに神格が否定されたとはいえ、天皇家の〝お世継ぎ選び〟となれば、国民の皇室観に潜む〝選民思想〟が頭をもたげてくるのである。

織田の質問に対して金森国務大臣は、「婚姻は個人の立場から言へば、私事であると云ふことは言へる」としつつも、皇族の婚姻は、皇族の範囲すなわち皇位継承の範囲に関わる非常に重大な問題であり、「例へば嫡出子とか庶子とか云ふやうなこと迄《まで》も公の関係の地位をお持ちになる場合に於きましてはどうしても相当に注意周到に規定を考へなければならぬぢやないか、斯う云ふ論が起りまして目下考究中でございます」[68]（傍点、引用者）と答えている。

金森としても、天皇家の婚姻は庶子の問題も含め、皇族の範囲、ひいては皇位継承資格の範囲に大きく影響する以上、「私事」では済まさず、皇室典範上に「相当に注意周到に」規定する必要を認識していたことが見て取れる。

皇室典範改正案の議会審議では、天皇家における離婚、再婚についても議論がなされた。第1章で述べたように、皇族の離婚は当事者の自由意思では行えない。皇室親族令において皇族の離婚は、やむを得ない場合に限って、夫婦の協議を経て勅許を得ることで認められたのである。

一九四六年一二月一一日に開かれた衆議院皇室典範案委員会では、馬越晃《うまこし》（民主党）議員から、皇后が離婚する自由、さらに再婚する自由が認められるとすれば、その影響というものは国民一般に非常に大きなものがあるのではないかとの質問が出された。

それに対して金森国務相は、皇后の離婚は理論的には考え得るとしつつも、「この皇室典範の案は、さような場合を念頭においておりません、（中略）まずないということが前提になつてこの典範ができておりまするゆえに、さような方向に関しましての規定は存立いたしておりません[69]」と明言していた。

戦後の改正民法によって、戦前の価値観は解体されたとされる。そのひとつの象徴が、戸主制度を廃止し、それまで戸主の統制権の下にあった婚姻や養子縁組などが個人の自由権に委ねられたことであろう。しかしながら、一般国民に認められたこれらの「自由」は、天皇家には存在しないことは右の議論から再確認できよう。まして、皇后ともなれば、男子の出産と、天皇の妻たるに相応しい振舞いという現実主義と倫理主義から来る二重の要請から、離婚という選択肢は想定されていないのである。

皇族の範囲の伸縮は、皇位継承者の範囲の伸縮に帰結する。その伸縮を左右する皇族の婚姻は、民法が定める一般国民の「私事」と同列には扱えず、皇室固有の法によって規定することが妥当とされるわけである。そのことは、天皇が「現人神」から「人間」へとその地位が変わった新憲法でも変わらず、むしろ同じ「人間」であるがゆえに、天皇家の〝家憲〟と国民道徳との対照性が明確になったといえる。

3　家族国家思想と戸籍

『国体』における天皇と家

これまで幾度か触れてきたが、天皇と戸籍を思想面で深く結びつけてきたのが、日本独自の家族国家思想である。

日本をひとつの「家」に見立てて、天皇をその「家長」として敬い、「臣民」はひとしく天皇の「赤子」として、忠誠心と引きかえに包摂される。「我が国は一大家族国家であつて、皇室は臣民の宗家にましまし、国家生活の中心であらせられる」[70]というわけである。

「神代史」の神話に由来する神聖不可侵の「現人神」として、天皇を国民のはるか頭上高く担ぎ上げた明治国家において、この家族国家思想は「国体」の根幹をなすイデオロギーとなり、勅語や詔書といった天皇の言葉を通じて、あるいは修身教科書を通して、あまねく国民の間に浸透していった。

一方、明治民法に基づく家制度の成立によって、戸籍は「皇国臣民」を対象とする家の登録簿という性格を明確にした。だが、既述のように、戸籍に記載される「家族」は、同居の有無はもとより、生物学的血統の有無をも問わない〝紙の上の家族〟でしかない。したがって、戸籍上の「家族」は、現実の生活共同体を意味するものではなくなった。

こうした形式的な、時として疑似的ですらある親族関係が長期にわたって営まれることで、家における個人と戸主との間に、ある種の権力関係が形成される。この私的な権力関係は、祖先崇拝という形で子々孫々にも継承され、その範囲は拡大していく。そこでの祖先に対する崇敬の念は、祖先と子孫との間を媒介する存在たる戸主にも向けられて当然とされるのである。

とりわけ戦前の戸籍法では、前戸主の氏名、現戸主と前戸主との続柄も、戸籍の記載事項とされていた（旧戸籍法第一八条）。この続柄に示される代々の戸主名から、家督継承における連綿たる系統を家族は確認することとなり、はるか遠い昔の祖先も崇拝の対象として意識化される。

これについては、家族国家思想の代表的なイデオローグであった法学者・穂積八束《やつか》が、「家は祖先の祭祀の継続たり」、「戸主は祖先の威霊を奉祝し、祖先の威力を現在に代表して祖先の子孫を保護する」[71]ものであると説いたことに尽きるであろう。

実際、家制度において戸主には祖先の祭祀を主宰する役割が課されていた。明治民法は、祖先の祭祀に必要な系譜、祭具、墳墓の所有権を受け継ぐことを、家督相続者の「特権」として認めていた（第九八七条）。代々の家族にとって、祖先は家の幸福と存続を願う存在として崇拝の対象であったから、祖先の祭祀を絶やさないことが、家の永続という祖先の要請にこたえる戸主の責任となる。したがって、系譜、祭具、墳墓の継承は、家督相続に伴う「特権」というよりは「義務」なのである。

まさに「祖孫一体」を本義とする家の連続性の保持が、日本の家族観の基底をなしているといえよう。右に述べたような民間の系譜崇拝が、日本国家における過去と未来とを永遠に一体化する「天壌無窮」を本旨とする「皇統」になぞらえられることによって、「同族結合を国家大の外延にまで拡大した官製フィクション」[72]としての「国体」思想へと昇華されるのである。

「国体」の本義を支える家

このような家族国家思想の起点は、江戸時代後期に求められよう。

後期水戸学の金字塔とされる会沢正志斎《あいざわせいしさい》の『新論』(一八二五年)は、開国後に広がりをみせた尊王攘夷運動に理論的な根拠を与えた書物として知られる。「謹んで按《あん》ずるに、神州は太陽の出づる所、元気の始まる所にして、天日之嗣《あまつひつぎ》、世宸極《よよしんきょく》を御《ぎょ》し、終古易《かわ》らず」[73](考えれてみれば、「神国」は太陽の昇る地であり、万物の根源となる「気」を生む所にして、天照大御神の子孫が代々皇位を継いできたことは永遠に変わるところがない)という序文は鮮烈なインパクトを放っている。

ここではまず、太陽神・天照大神を「天祖」とする「万世一系」の皇統こそが「神州」の核心をなすという、「肇国」の神話が強調される。そして、「国体　上」の章に「君臣の義は、天地の大義なり。父子の親は、天下の至恩なり」[74]とあるように、天皇と国民の「君臣」関係を自然法的な関係とみなした上で、さらにこれを「父子」関係になぞらえることで、儒教道徳において本来は公的倫理である「忠」と私的倫理である「孝」とが一元化される。

一九世紀前半に生まれた武士たちが、正志斎のこの『新論』に影響を受けて「一君万民」の尊王運動に狂奔し、のちに明治維新後の国家建設を担うこととなる。

詔勅や公文書で「国体」という語が用いられ、国民の間に広く普及していくのは、明治維新以後のことである。その端緒は、「五箇条の御誓文」と同日の慶応四(一八六八)年三月一四日に発布された「億兆安撫国威宣揚の御宸翰《ごしんかん》」である。ここでは「国体」の語こそ使われていないが、「億兆の父母」たる天皇が政《まつりごと》にいそしむことは神武以来の「列祖」の「大御心《おおみこころ》」の発露であり、これをもって「赤子」たる万民の安撫《あんぶ》をまっとうしてこそ「朝政一新」が成就するという「まつりごと」の精神が、国民に向けて示された。ここに、「赤子」たる国民が範とすべき「惟神《かんながら》の道」（神の意に従うこと）を根本とする「国体」の本旨が明らかにされたのである。

欧米をモデルとする近代化が推し進められるようになった明治の時代になっても、「あまてらす神の御光《みひかり》ありてこそわが日のもとはくもらざりけれ」という明治天皇の「御製《ぎょせい》」（一九〇九年）に表れているように、神代の皇祖神の「御光」が、神国日本の拠り所とされていた。

このような「国体」の観念を平明な文章にし、「教育」の場を通じて国民への浸透を図ったのが、一八九〇年に発布された「教育勅語」であった。

これは井上毅、元田永孚《もとだながざね》らが起草し、〝天皇の言葉〟として、あるべき「臣民」の姿を訓示したものである。ここでは、「皇祖皇宗国ヲ肇《はじ》ムルコト宏遠ニシテ」（皇室の祖先が日本の国を開かれたのは遠い昔のことであり）という建国神話と、父母に対する「孝」および「天壌無窮ノ皇運」（天下に比類なき皇国の運命）に対する「忠」を軸とする儒教道徳とが結びつけられ、滅私奉公の倫理によって個人の自発性を抑制し、「忠良ナル臣民」としての画一化が図られている。

家族国家観に基づく国民道徳論の主唱者というべき井上哲次郎は、教育勅語の公式解説書として著した『勅語衍義《えんぎ》』（一八九一）で、次のように述べている。「国君ノ臣民ニ於ケル、猶《な》ホ父母ノ子孫ニ於ケルガ如シ、即チ一国ハ一家ヲ拡充セルモノニシテ、一国ノ君主ノ臣民ニ指揮命令スルハ、一家ノ父母ノ慈心ヲ以テ子孫ヲ吩咐《ふんふ》スルト、以テ相異《あいこと》ナルコトナシ」[75]（傍点、引用者）。

ここでは、「一君万民」の君臣関係が、「一家」における親子関係になぞらえられている。臣民に対する天皇の命令は、子に対する「慈心」に基づく「父母」の「吩咐《ふんふ》」（いいつけ）と同趣旨とされる。この「父」たる天皇への滅私奉公の極点にあるのが、お国のための「殉死」であろう。

皇統と系譜崇拝――「国体の本義」とは

「我千古ノ国体ハ家制ニ則ル、家ヲ大ニスレハ国ヲ成シ国ヲ小ニスレハ家ヲナス」[76]（傍点、原文通り）と述べたのは、前出の穂積八束である。この穂積の言葉にあるように、家は「万世一系」の皇統を基軸にした「国体」の私的領域における縮図であり、家の維持こそは「国体」の安寧をもたらすものとされた。

この団体思想を、国民教育用に訓示したのが、文部省教学局が一九三七年に編纂した『国体の本義』である。この書で、天皇を家長とする家族国家の根本精神は、次のように説明されている。

大日本帝国は、万世一系の天皇皇祖の神勅を奉じて永遠にこれを統治し給ふ。これ、我が万古不易の国体である。而《しこう》してこの大義に基づき、一大家族国家として億兆一心聖旨を奉体して、克《よ》く忠孝の美徳を発揮する。これ、我が国体の精華とするところである。[77]（傍点、引

用者）

「我が国の家の生活」における祖孫一体の徳義については、次のように記述される。

我が国の家の生活は、現在の親子一家の生活に尽きるのではなく、遠き祖先に始り、永遠に子孫によつて継続せられる。現在の家の生活は、過去と未来とをつなぐものであつて、祖先の志を継承発展させると同時に、これを子孫に伝へる。古来我が国に於て、家名が尊重せられた理由もこゝにある。家名は祖先以来築かれた家の名誉であつて、それを汚すことは、単なる個人の汚辱であるばかりでなく、一連の過去現在及び未来の家門の恥辱と考へられる。[78]

（傍点、引用者）

ここで強調されているように、家名は祖先以来の「家の名誉」であり、それを公示する戸籍は〝連綿たる家の系譜〟を証し立て、家における「過去と未来」の架橋役となるのである。

戸籍がもつ〝家の系譜〟としての意義は、全国統一戸籍の編製が国家的課題として着手された明治初年から強調されていた。政府に先駆けて京都府が明治元（一八六八）年一〇月に制定した「京都府戸籍仕法」では、「戸籍と申すものは（中略）下々《しもじも》に於いては銘々の系譜、上《かみ》に於ては永世重き御記録たり」とされ、「君臣」いずれにとっても戸籍には〝家の系譜〟という価値があると称揚することで、戸籍登録をするよう国民に促していた。

歴史学者の新見吉治《しんみきちじ》が「庶民の系譜という思想が、誠に国体に即して居る。（中略）親子関係の永続これが系図観念となり、家の永続の観念となる」[79]と述べるように、連綿たる家の系譜としての戸籍は、「国体」イデオロギーのひとつの礎石とされる。

また、第一回帝国議会（一八九〇年）の戸籍法案審議で貴族院議員の三浦安《やすし》は、「日本の戸籍法を重んじますものは之は日本の慣習上に於て誠に大事なことで即ち御国体上から云ひまして血統を貴び、戸主を重んずると云ふことは抑々《そもそも》日本開闢《かいびやく》以来の慣習」[80]（傍点、引用者）と述べている。ここにも、血統と戸主を核とする戸籍が「国体」イデオロギーと不可分の関係にあることを見て取ることができよう。

以上のように、「国体」イデオロギーの根幹をなす家族国家思想に従うならば、戸籍をもたない「日本人」は、祖先との血のつながりの証しを持たない者であり、日本の「美風」にそぐわない者として倫理的には排撃の対象となる。

戦後になって、天皇の神格は否定され、国家神道は解体された。だが、天皇制と結合した家族国家思想は、その基軸を「現人神」天皇から「象徴」天皇へ変えて生き残ったとみえる。

例えば、憲法草案の審議が行われた貴族院本会議（一九四六年八月二六日）で質問に立った澤田牛麿《うしまろ》議員は、明治憲法改正のあり方について大演説を繰り広げた。内務官僚出身で戦前には青森県など四県で知事を務めた澤田は、質問の後半において、新憲法下でも「国体」は護持すべきであると主張し、次のように持論を展開している。

私から言ふと、民間的国体だと思ふ、日本の家族制度と云ふものは（中略）、公の方面に於ては、天皇制と云ふものが日本の国体であり、それから民間の私生活、（中略）まあ民間のお互ひ同志の生活に於ては、家族制度が矢張り日本の国体であると思ふのでありますす、此《こ》の二つを壊してしまへば、日本の国体と云ふものはもう「ゼロ」である、此の新憲法は其《そ》の二点を壊して居るのではないかと私は疑ふ。[81]

「公」の領域における天皇制と、「私」の領域における家制度という二つの要素からなる「国体」が、新憲法の精神に抵触するところがあることを認めた上で、天皇制も家制度も固守すべきであると主張するのである。敗戦からまだ一年しかたっていないとはいえ、急速に「民主化」が進む中で、澤田のこの発言は、「国体」イデオロギーの根強さを物語っていよう。

家元制度と天皇制

和歌、舞踊、能、狂言、華道、茶道、長唄、文楽、歌舞伎……。日本に長く息づいてきたこれら伝統的な芸能や文芸の継承と不可分の関係にあるのが、家元制度である。

家元は独自の流儀を多数の門弟に伝授し、それを独占的に伝承する組織を構成する。法社会学の観点から家元を検討した川島武宜は、それは「日本芸能の師匠と弟子との連鎖によって主従関係のヒエラルヒー的hierarchicalな派閥集団」であって、「家父長制的家族集団に擬制されたものである」[82]と定義づけている。

家元制度の究極にあるものとして天皇制を観念的に捉える議論も少なくない。例えば、「天皇制という日本でもっとも強大な家元制度」（鶴見俊輔[83]）、「日本文化の総家元のような形で天皇家が存続した」（山本七平[84]）などが、これに該当する。

なぜ天皇制は家元制度と結びつけられるのであろうか。その理由は、家元制度の構造的かつ伝統的な特徴に求められる。

第一に、基本的に家元は、世襲によって継承される。つまり、継承者の資格としては個人の能力や資質よりも血縁の方が重視される。しかも、家元の座に就くのは圧倒的に男性が多い。もちろん、家督相続と同じように、実際には純粋な血統だけで継承されていく可能性は低く、養子や入り婿などの手段によって補完される。

そして、茶道の千家、華道の池坊《いけのぼう》家、舞踊の花柳《はなやぎ》家のように、それぞれの家元には固有の〝芸名〟としての家名がある。歌舞伎役者にみられる「何代目〇〇」のように、家元の名前は「名跡《みようせき》」として襲名され、現在の世数でもって呼称されることも多い。その世数が増えるほど、名跡は由緒ある家名として権威と品格を高めることとなる。したがって、宗家であることを歴史的に証明する系譜が、家元においても重要な意味をもつのである。

何より、家元の強みは、代々受け継いできた〝お家芸〟を有している点にある。その典型のひとつが、「市川宗家」である。歴代の当たり役であった「助六」「勧進帳《かんじんちょう》」などの一八演目を、一九世紀前半に七代目市川團十郎は「歌舞伎十八番」に選定し、これを〝お家芸〟として継承してきた。伝統的な〝お家芸〟をひとつでも多くもつことが、家元の権威を際立たせ、その家名を輝かせることとなる。

〝お家芸〟における流儀の核心は、秘伝として伝承されるのが通例である。これを実演する際には、定められた「型」に則ることが求められ、「型」の改廃や補正は差し控えられる。そのことを考えると、新嘗祭《にいなめさい》をはじめとする宮中祭祀は、「万世一系」の天皇家のみが古式ゆかしく「型」に則って相伝していく、究極の〝お家芸〟といってよかろう。ただし、それは芸能のように不特定多数の観客を集めて公演することはなく、基本的に非公開である。

第二に、家元は〝家長〟として強大な権限をもつ。家元と弟子は絶対的な主従関係にあり、弟子に対して師匠が抑圧的、非人道的な扱い方をしても、「芸の道は厳しいから当然のこと」として、世間から容認されてきた。それはまた、芸における師弟関係を親子関係になぞらえることで正当化されてきた。家元が育てる弟子は、血縁のない赤の他人であることも多いが、その師弟関係を親子関係に見立てることで、その家父長主義的な空間は、疑似的な家族共同体として美化される。これは、国体思想において、天皇─臣民という絶対的上下関係が親子関係に擬されることで美化されるのと軌を一にしている。

そして家元は師匠であると同時に、〝一家〟の統率者である。家元が定めた規律や義務に違反した門弟には、破門という制裁が科される。破門は家元集団からの追放であり、芸名や師匠資格の剝奪を伴う。いわば、戸主による家族の勘当、絶縁であり、村八分に相当する。破門となるのは、家元に届け出ないまま門弟が結婚や転居をした場合や、一定期間をこえて家元やその他の師匠への連絡を怠った場合などであるという。[85] 家元はこの破門権の発動をちらつかせることで、門弟から従順さを引き出し、さらなる統制力を得ることができる。

かつては天皇にも、家長として皇族を監督する立場上、皇族に対する懲戒権が認められていたことは既に述べた。懲戒においては最悪の場合、皇族として有するすべての特権が剝奪されるのであるから、そうなれば、まさに天皇家からの〝破門〟といえよう。

第三に、これは第二の点と関連するが、家元には門弟に名前を与えるという役割がある。同じ流派のなかで、師匠としての技能レベルに達した門弟には、免許皆伝として流派特定の苗字を与えるとともに、師匠の芸名の一字を加えた芸名を与えることが多い。門弟に名前を与えるというこの慣習は、「親子関係を示す命名の習慣にしたがったもの」[86] といえよう。

天皇は家父長的な権威を有するだけでなく、古来、臣民に氏姓を授ける立場でもあったことを思い起こしてほしい。臣籍降下する皇族は、天皇による賜姓によって、元皇族としての権威と名声を保ち得た。姓ではないが、独立して宮家を創立する皇族に宮号を授けるのも天皇である。とりわけ古代律令国家において、〝名付け親〟たる天皇が臣民に名を与えることは、君臣の間で結ばれる家族的な支配関係への臣民の帰属意識を強めることとなったであろう。

「道」と「型」――戸籍の担う〝お家芸〟

能の創始者である世阿弥《ぜあみ》が一五世紀初めに著した『風姿花伝《ふうしかでん》』には「家、家にあらず。継ぐをもて家とす」という有名な言葉がある。芸の継承がなされてこその家の継承、というわけである。ここには、日本に特有の「道《みち》」の思想がいみじくも表れている。いうまでもなく「道」は「点」ではない。「線」として、過去から現在へと延々と続くものである。「道」は、茶道、華道、剣道、柔道など文武両面で用いられる語であるが、そこでは技芸の専門性だけでなく、代々伝えられてきた奥義も継承されることで、祖孫を結ぶ「家」が疑似的に形成されるわけである。「家が継承されないところに道はありえない」[87]といえよう。

この観念が色濃く反映されているのが皇統であろう。「万世一系」の皇統は、戦前は「皇道」「帝道」と称された。「道」には、時間の連続性だけでなく、倫理的な一貫性がある。

前出の文部省『国体の本義』は、「国体」を教化する材料として芸道を取り上げ、次のように説いている。

我が国の道は、古来の諸芸にも顕著に現れてゐる。詩歌・管絃《かんげん》・書画・聞香《きこう》・茶の湯・生《いけ》華《ばな》・建築・彫刻・工芸・演劇等、皆その究極に於ては道に入り、又道より出でてゐる。（中略）従つて中世以来我が国の芸道は、先づ型に入つて修練し、至つて後に型を出るといふ修養方法を重んじた。それは個人の恣意を排し、先づ伝統に生き型に従ふことによつて、自ら道を得、而《しか》して後これを個性に従つて実現すべきことを教へたものである。これ我が国芸道修業の特色である。[88]（傍点、引用者）

芸道における修業の特色として強調されるのが「型」である点が興味深い。「個人の恣意を排し、先づ伝統に生き型に従ふこと」という語句は、まさに家の思想に連なるものである。このような「型」の重視ないし絶対化は、戸籍における〝お家芸〟といってよい。血統を尊重しつつも擬制的に創り出される「家族」は、夫婦・親子同氏主義、届出主義、続柄の記載といった「型」に従うことによって、はじめて戸籍上に公示される。さらに、系譜の尊重、先祖の崇拝、世襲制といった要素によって、国体を形作る天皇制と戸籍は、現在も残る家元制度の根本精神と合致するのである。

4　祭り主としての天皇――戸籍を貫く祖孫一体の信仰

「家」の永続と「万世一系」――天皇の祭祀と国民

日本において、家の祖先の霊を子孫がまつることは、庶民にとって一般的な信仰のあり方であった。祖先崇拝は、過去と現在にわたる家の成員を、祭祀を通じて結びつける。そこに天皇という要素が絶対的な価値として加わることにより、祖先崇拝が国家的宗教として国民に教化されていくのは明治以降のことである。

古来、天皇がつかさどる最も重要な国家行事とされてきたのは宗教的祭事であり、それは「まつりごと」と称されてきた。つまり、「祭《まつり》」と「政事《まつりごと》」が渾然一体となった行事である。

明治天皇が「とこしえへに　国守ります　天地の　神のまつりを　おろそかにすな」と詠んだように、天皇の国家的な存在意義は、政治的君主としてよりも宗教的シンボルとしてのそれであり、その第一の役割は〝国の祭り主〟として国家の繁栄と国民の安寧を祈ることにあった。そして、繰り返し述べてきたように、天皇は天皇家の〝家長〟である。一家の祖霊を祀るのは、家長の大切な役割とされる。

王政復古の大号令で幕を開けた明治維新において、天皇の祭り主としての任務も「復古」した。

明治三（一八七〇）年一月に発せられた、いわゆる大教宣布《だいきょうせんぷ》の詔《みことのり》によって、神社神道は日本の国教たることが宣明された。これに伴い、大嘗祭《だいじょうさい》をはじめ、数多くの宮中祭祀が創設または復活された。宮中の祭祀は宮中三殿（賢所《かしこどころ》・皇霊殿《こうれいでん》・神殿）で、国家の祭祀は神宮および神社で、それぞれ祭官を置いて祭事を主宰させた。国家あるいは皇室における大事に際して、祭主としての天皇は、これを祖先神に報告するために数多くの皇族および役人を率いて祭典を催した。

もっとも、明治憲法には、天皇の祭祀をつかさどる権利について明文はなかった。これは、天皇の「祭祀大権」は不文律として、あえて憲法に規定を設ける必要がなかったためと考えられる。宮中祭祀は、皇室祭祀令（一九〇八年皇室令第一号）以来、天皇自ら祭典を執り行うこととなった。そこでは、御告文《ごこうもん》（天皇が祖先神や歴代天皇の霊に告げる文）を奏上する「大祭」と、掌典長（掌典職）らが祭典を行い、天皇は拝礼をするだけの「小祭」とに大別されている。

一月一日の四方拝、一月三日の元始祭、一一月二三日の新嘗祭など、宮中祭祀が行われる日を国民の祝日とするケースは多い。また、春分の日、秋分の日にそれぞれ行われる皇霊祭《こうれいさい》は天皇の親祭《しんさい》（天皇がみずから神を祭ること）であり、庶民の間に定着していた春秋の彼岸の祖先礼拝と重なるものである。これには、天皇の祭祀を全国民の精神生活の原基とする構想があったとみられる。[89]国民の生活と祭祀を結びつけ、「皇道」の日常化をはかるわけである。それはまた、日常生活を送る国民一人一人の内面に、天皇という非日常の存在が浸透していくことでもある。

稲は皇祖からの授かりもの――「農」の神としての天皇

天皇は祭祀をつかさどる「現人神」とされてきたが、「農」の神としての天皇の宗教的権威も看過できない。神道研究家として天皇の祭祀について多くの著作を残した村上重良《しげよし》は、「天皇の宗教的権威は、イネの祭りとしての新嘗祭に淵源している[90]」と述べている。

この新嘗祭こそは、天皇が主催する祭祀の中で最も重要なものとされる。宮中三殿において、イネをはじめとする、その年の新穀の収穫を祝い、新穀を天皇が食すとともに、それを皇祖神に捧げるのが新嘗祭である。

大陸から日本に稲作が伝わったのは、紀元前三世紀頃（弥生時代）と考えるのが一般的となっている。民俗学者の中山太郎によれば、「イネ」とは「命の根（イノチノネ）」の約語であるという[91]。日本人の主食としてイネは日本人の「命」を養ってきたわけであるが、天皇の祭祀においてイネは、神（天皇）からの授かり物という宗教的価値を与えられてきた。

皇祖神に新穀を捧げる儀礼の由来は、神代にさかのぼる。皇祖神とは、『古事記』および『日本書紀』において天祖として語られる天照大神のことである。神代史における天照大神には、太陽神であると同時に稲作の神、穀霊としての意味があった。

天照大神がその子、ニニギノミコを地上に降臨させる（「天孫降臨」）にあたり、ニニギの供となる天児屋命《あめのこやねのみこと》、太玉命《ふとたまのみこと》の二神に斎庭《ゆにわ》（神を祀るために祓い清めた庭）の稲穂を託し、「吾《わ》が高天原に所御《きこしめ》す斎庭の穂《いなほ》を以て、亦吾が児《みこ》に当《まか》せまつれ」と告げた。高天原の神々へ捧げる神聖な稲穂を作る田でできた穂を我が皇子（代々の天皇）にゆだねよう。これを地上で耕作させ、主食として民を養い、豊饒な国とするがよい、といった意味である。

つまり、日本人にとってイネは、太陽神たる天照大神の創造愛（日の神！）による賜物であるというのである。このような物語には、日本人の太陽神信仰も影響していたと考えられる。

さらに『日本書紀』には、崇神《すじん》帝の詔として「農《なりはひ》は天下《あめのした》の大きなる本なり。民《おほみたから》の恃《たの》みて生《せい》くる所なり。今、河内の狭山の埴田《はにだ》水少《みずすくな》し。是《これ》を以て、其《そ》の国《くに》の百姓《おほみたから》、農の事に怠る。其れ多《さは》に池溝《うなて》を開《ほ》りて、民《たみ》の業《なりはひ》を寛《ひろ》めよ」（農業は天下の大きな基本である。それは、民の力を頼りにしている。今の河内の狭山の埴田（ハニタ＝粘土質の田）には水が少ないため、その国の百姓は農業ができない。そこで、たくさんの水路を掘り、民の農業を広めよう）とある。

「生きていくための仕事」を意味する「なりわい」は、漢字では一般的に「生業」と表記されるが、ここでは「農」の漢字も充てられており、「生業」＝「農業」と解釈されていることがわかる。ここに示されているのは、臣民が土着し、神から授かった稲を作ることが国の大本となるという思想である。

これと切り離せないのが、「記紀」以来、「日本」の異名として称揚されてきた「水穂国《みずほのくに》」または「瑞穂国《みずほのくに》」という呼称である。どちらの表記を正しいとするかはさておき、国学者の本居宣長は「水穂国」について、神代から伝わる「皇国《すめらみくに》」としての由緒ある国名であり、稲は万国に勝る美しく尊いものであるとしている。[92]

一一月二三日の新嘗祭だけでなく、一月一日の四方拝、二月一七日の祈念祭、一〇月一七日の神《かん》嘗祭《なめさい》など、宮中祭祀の多くが五穀豊穣の祈念または感謝の祭りである。日本人の生活基盤となってきた農業において、「田の神」のような土地神信仰と、「記紀」の建国神話に由来する太陽神信仰・皇祖神信仰とが結びつくことで、天皇の神事と国民の日常生活との結節点が生まれるのである。

戸籍が支える封建秩序

「記紀」にはいずれも、ニニギノミコトの子孫にして初代天皇とされる神武の東征の物語が出てくる。生地である日向《ひむか》を発ってから、筑紫・安芸・難波などを長年かけて征服していき、ついに大和を平定した神武が橿原《かしはら》に遷都し、そこで即位した。苦難の旅を続けてきた神がようやく腰を据えた定住地が都となったわけである。

初代天皇による遍歴から定住へというこのエピソードからは、前述の稲と神をめぐる神話と考え合わせると、農本主義思想を媒介として天皇と戸籍が結びついた歴史的関係が示唆されているといえる。これについて、国粋主義の立場に立つ憲法学者・山崎又次郎は、次のように述べている。「愈々《いよいよ》農業発達し、而《しか》も、それが粗放的農業より集約的農業に推移するに従つて、氏は分解して大氏、小氏の別を生じ、此《かく》の如くにして、孝徳天皇の大化の改新に至るまでは、それが更に分解して戸或《あるい》は家《こ》を生じたのである」[93]。

つまり、日本の農業の特徴とされる集約農業が一般化するなかで、「氏」という血縁集団の細分化が進み、その結果として、全国統一の戸籍がつくられ始める大化の改新の時期には、戸籍の登録単位としての「戸」(家)が成立したという。はじめは血縁を基準とする大らかな組織であった「氏」が、稲作の定着とともに、定住に基づく生活共同体の単位としての「氏」へと変容を遂げたのである。

そして稲作は、アニミズム的な「田の神」を信仰する家族や近隣住民による共同作業によって営まれるものであるから、そこでは個人主義が抑制され、家族主義・共同体主義が尊重される傾向が生まれる。

「日本人」を農耕民族として規定する思想は、近世の儒教的封建社会のイデオロギーに適合するものであった。すなわち、豊臣秀吉が推進した兵農分離、それを受けての徳川幕府による士農工商という身分秩序である。徳川幕府が正統の教学とした儒学においては、公定の身分秩序に則って、自らの職分を守って生きることが理想とされた。それにより、封建社会の固定化が進んだわけである。

ここで看過しえないのが、前出の荻生徂徠《おぎゅうそらい》が戸籍制度の立て直しを徳川幕府に建言した点である。一八世紀前半、農村からの出稼ぎや流民が増え、江戸の風紀や治安が乱れることを危惧した徂徠は、『政談』において「法を立《たつ》る事」を挙げ、それには「日本国中の人を、江戸も田舎も皆《みな》所《ところ》を定めて、是《これ》はいづくの人といふ事を極《きめ》る仕方也《なり》」[94]と述べた。つまり、町人も百姓も、それぞれの定住地に子孫まで永住させることで個人の識別も容易になり、風紀の混乱も収まるというわけである。

ここでいう「法」とは、戸籍法のことである。具体的には人別帳のことを指すが、徂徠は「誠の治をすべきと思ふても、兎《と》角《かく》（中略）戸籍の法立《たた》ざれば不叶事也《かなわざることなり》」と指摘し、すでに用をなしていない人別帳に代わる戸籍法の再建を提言していた。[95]

要するに、戸籍によって人々の自由な往来を規制して土地に縛りつけることで「国民」の所在を把握することが世の混乱を防ぎ、統治の安定につながるという思想である。封建社会の基幹産業である稲作に人民を従事させようとする農本主義には、戸籍による支配を強化することで、幕府の徴税を安定化させるねらいもあったであろう。それは、個人の自由意志による定住地からの移動、家からの離脱の抑止が、国家の安定と繁栄への近道ととらえる「反・近代」の思想といえる。その意味で戸籍は、農耕定住社会に適した身分登録制度であった。

大嘗祭の意義とは？

古来より日本は祭政一致をその国是としていたが、前述の通り、天皇が執り行う祭祀の中心には農耕の祭りがあった。そのうち、最も規模が大きいのが、大嘗祭である。天皇が即位して最初に行う新嘗祭が大嘗祭であり、四日間にわたって行われる一代一度の大祭である。

「大嘗祭」は、もともとは「おおにえまつり」と読んだ。「にえ」とは「新饗《にいあえ》」（新穀をささげて饗応する）のことであり、これに美称としての「大《おお》」が付いて「おおにえ」となった。それが転じて「おおなめ」（大嘗）になったという。[96]

その由来とされるのは、前述した「稲穂の神勅」である。新天皇がその年の新穀を天神に饗応することをもって祭祀とするのが大嘗祭である。

『日本書紀』によれば、皇極帝（第三六代）の頃まで新嘗祭と大嘗祭とは区別されていなかったが、天武天皇（第四〇代）の時から明確に分けられ、即位後最初に迎える一一月に大嘗祭が行われるようになった。[97]新天皇がその威勢を広く示す政治的儀礼でもあるため、大嘗祭の規模は拡大していき、斎場となる大嘗宮の建設など財政上の負担も増していった。このため、大嘗祭を実施しなかった天皇も多く、そのような天皇は「半帝」と称された。

一五世紀後半から途絶えていた大嘗祭は、貞享《じょうきょう》四（一六八七）年、東山天皇（第一一三代）が即位する際に復活された。この時には、反対する徳川幕府に対して、財政的負担を一切かけないという条件を示して説得し、約二二〇年ぶりの挙行にこぎつけた。もっとも、大嘗祭のなかで最も重要な儀式とされる「御禊《おんみそぎ》の儀」（天皇が賀茂川に行幸し、禊を行う儀礼）が省略されるなど、経費不足のため非常に簡略化されたもので、〝古式ゆかしい〟儀式とはいえない内容であった。[98]

大嘗祭が本格的に復活したのは、「現人神」として神格化された明治天皇の時代においてである。旧徳川幕府軍と倒幕派が戦火を交える戊辰戦争の最中であった慶応四（一八六八）年八月、明治天皇は京都で即位式を挙げ、二年以上経た明治四（一八七一）年三月に、「今冬、東京に於て大嘗会執行せられ候旨《そうろうむね》」[99]を告げる太政官布告が発せられた。八世紀末以来、都として定着していた京都ではなく東京で大嘗祭を執行することには、東京を新たな「帝都」として宣布する意味があった。もっとも、簡素を旨とし、名目のみの古例は廃止するというのが新政府の方針であったが、同年一一月に大嘗祭は催された。

そして、一九〇九年二月一一日（紀元節）に公布された登極令《とうきょくれい》（一九〇九年皇室令第一号）により、「即位の礼」の後に大嘗祭を行うこととされ（第四条）、大嘗祭は皇位継承と不可分の儀礼と位置づけられたのである。そして、旧皇室典範第一一条では「即位ノ礼及大嘗祭ハ京都ニ於テ之ヲ行フ」と定められた。

だが、原武史によれば、こうした宮中祭祀について明治天皇は否定的で、大正天皇も同様であった。それに対して昭和天皇は、戦時期にあっても祭祀の挙行に熱心に取り組み、戦況が悪化した一九四五年の元旦でも、空襲警報が鳴り響く中で四方拝を挙行した。[100]皇居内に設けられた水田で行われる春の「お田植え」、秋の「お稲刈り」が恒例行事となったのも、昭和天皇の時からである。

敗戦後、GHQは国家神道を軍国主義の温床のひとつとみなし、一九四五年一二月一五日に「神道指令」を発して、神道・神社を国家から切り離した。皇室祭祀令も廃止され、天皇の「祭祀大権」は解体されたかにみえた。

ところが現行憲法の下でも、明治憲法時代における宮中祭祀とほぼ同様に、天皇はその本分としての祭祀を挙行している。現行憲法の下での主要な宮中祭祀は、表9にある通りである。ただ

表9　現在の主な宮中祭祀

祭祀の名称	月日	大祭・小祭の別	内　容
四方拝	1月1日	小祭	早朝に天皇が伊勢神宮，山陵および四方の神々を拝する
元始祭	1月3日	大祭	皇位の元始を祝う
昭和天皇祭	1月7日	大祭	昭和天皇の霊をまつる
祈年祭	2月17日	小祭	一年の五穀豊穣を祈る
天長祭	2月23日	小祭	今上天皇の誕生日を祝う
春季皇霊祭 春季神殿祭	3月21日	大祭	皇室の先祖の霊をまつる
神武天皇祭	4月3日	大祭	神武帝の霊をまつる
大祓	6月30日	大祭	天下万民の穢れを祓う
秋季皇霊祭 秋季神殿祭	9月23日	大祭	皇室の祖霊をまつる
神嘗祭	10月17日	大祭	一年の五穀豊穣を感謝する
新嘗祭	11月23日	大祭	一年の五穀豊穣を感謝する
大祓	12月31日	大祭	天下万民の穢れを祓う

し、あくまでそれは天皇家が催す「私的な宗教行事」であって、憲法が定める国事行為ではないとされている。それゆえ、宮中祭祀を行うための費用を国費あるいは地方自治体経費から支出することは認められず、天皇家の私的活動費である「内廷費」から捻出することとなった。だが、納税者である国民にとって、皇室費をめぐるこうした形式上の変更は微々たる違いでしかない。天皇が祭り主として担う祭祀がもつ歴史的本質は何ら変わっていないのである。

「日本」の産みの親である皇祖神に対し、天孫たる天皇が祭祀をつかさどるという物語は、天皇の存在を正統化する上でいまもなお有効である。

神道研究家の葦津《あしづ》珍彦《うずひこ》は、〝国の祭り主〟としての天皇は「公平無私」であることを第一義とするがゆえに、国民にとって「公明正大」な貴さをもつ存在[101]であると述べている。たしかに、現行憲法上は

「公務」ではなく、あくまで天皇家の「私的行事」とされている宮中祭祀であるが、多かれ少なかれ日本国民はそれを「公的行事」として受け止め、その存続を容認している。

しかしながら、日本国家の祭り主たる天皇が「公平無私」であることの根拠は、今日、どのように説明できるのであろうか。その枢要な根拠が、「私」の家の系譜たる戸籍をもたない「無氏無姓」の一族であるという点に帰着するのは、過去も現在も変わっていないのではなかろうか。

1——平賀健太『我国家族制度の再検討』(司法研究報告書第三一輯第一号) 司法省調査部、一九四七年、五〇頁。
2——我妻栄『家の制度——その法理と倫理』酣燈社、一九四八年、七四頁。
3——中島玉吉「戸主権論」『家族制度全集法律編Ⅳ　家』河出書房、一九三八年、一三四頁。
4——薩山鐐次郎『司法研究第5輯の5　親族法上の訴訟原因に関する考察』司法省調査課、一九二七年、八八頁。
5——植木直一郎『皇室の制度典礼』小林又七本店、一九一四年、二七九頁
6——『伊藤博文編『秘書類纂　帝室制度資料　上』(以下、『帝室制度資料　上』) 秘書類纂刊行会、一九三四年、六八頁。
7——同上書、六九-七〇頁。
8——細川亀市『日本法制史大綱』時潮社、一九四〇年、一七頁。
9——三淵忠彦『日常生活と民法』開発社、一九二六年、九〇頁。
10——宮澤俊義『皇室法』日本評論社、一九四〇年、五八頁。
11——一九四六年一二月一二日第九一回帝国議会衆議院皇室典範委員会における金森国務相の説明。『立法資料　1』、三四七頁。
12——植木、前掲書、二九九頁。
13——『帝室制度資料　上』、七一頁。
14——園部逸夫『皇室法概論』第一法規出版、二〇〇二年、五七八頁。

15――市町村雑誌社編『戸籍法解義集』市町村雑誌社、一九三一年、一四一頁。
16――穂積陳重著、穂積巌夫訳『祖先崇拝ト日本法律』有斐閣、一九一七年、七四―七五頁。
17――『帝室制度資料　上』、五一頁。
18――同上書、五二頁。
19――Sheldon Amos, *The Science of Politics*, London : K. Paul, Trench, 1883, p. 159.
20――高柳真三『明治初年における家族制度改革の一研究―妾の廃止』日本法理研究会、一九四一年、一二―一三頁。
21――福島正夫編『「家」制度の研究　資料篇2』東京大学出版会、一九六二年、一一七―一二八頁。
22――同上書。
23――堀内節編『明治前期身分法大全　第3巻　親子編』日本比較法研究所、一九七七年、三三頁。
24――刑法草案における妾の取扱いをめぐる元老院会議での論争を取り上げた先行研究としては、手塚豊「元老院の妾論争」『法学セミナー』第六号、一九五七年九月、熊谷開作「法典編纂期における妻妾論」『婚姻法の研究　上巻』有斐閣、一九七六年などがある。
25――福島編、前掲書、一四四―一四五頁。
26――同上書、一四五頁。
27――同上書、一五四―一五五頁。
28――同上書、一五三頁。
29――堀内節編『明治前期身分法大全2　第1巻　婚姻編Ⅰ』日本比較法研究所、一九七三年、九五頁。
30――外岡茂十郎「我国に於ける私生子法の誕生と私生子の範囲」『早稲田法学』第二〇巻、一九四一年、二頁。
31――一九四二年二月一八日民事甲第九〇号司法省民事局長通牒。戸籍先例研究会編『戸籍先例全集（2）』（加除式）ぎょうせい、二一七―二一八頁。
32――遠藤正敬『戸籍と国籍の近現代史――民族・血統・日本人』明石書店、二〇一三年、三二頁。
33――小林宏・島善高編著『日本立法資料17　明治皇室典範　下』信山社、一九九七年、七一二―七一三頁。
34――同上書、七一八頁。
35――同上書、七二三頁。
36――同上書、七三一頁。

37──一九二四年六月三日帝室制度審議会第二特別委員会における馬場瑛一委員（法制局参事官）の説明。前掲『帝室制度審議会第二特別委員会（皇統譜令案）議事要録』。

38──『帝室制度史料　上』、四七頁。

39──一九二五年一月一四日臨時法制審議会岡野敬次郎委員の説明。『臨時法制審議会総会議事速記録　諮問第一号』臨時法制審議会、一九二五年、三四─三五頁。

40──井原頼明『皇室辞典』冨山房、一九三八年、三七─三八頁。

41──一九二四年五月一〇日帝室制度審議会第二特別委員会における二上兵治委員（枢密院書記官長）の説明。前掲『帝室制度審議会第二特別委員会（皇統譜令案）議事要録』。

42──一九二四年五月七日帝室制度審議会第二特別委員会における杉栄三郎御用掛の説明。同上。

43──一九二五年五月二日臨時法制審議会での松本烝治委員の説明。『臨時法制審議会総会議事速記録　諮問第一号』、二三七頁。

44──「皇統譜　皇室籍　全」宮内公文書館所蔵50001。

45──一九二四年五月一〇日帝室制度審議会第二特別委員会における馬場瑛一委員の説明。前掲『帝室制度審議会第二特別委員会（皇統譜令案）議事要録』。

46──山本起世子「民法改正にみる家族制度の変化──1920年代〜40年代」『園田学園女子大学論文集』第四七号、二〇一三年、一一九頁。同審議会での家族制度をめぐる詳細な審議過程については、この山本論文を参照。

47──川島武宜『イデオロギーとしての家族制度』岩波書店、一九五七年、一九五頁。

48──『臨時法制審議会総会議事速記録　諮問第一号』、三三頁。

49──同上書、三五頁。

50──同上書、二二六頁。

51──同上書、二二六─二二七頁。

52──同上書、二二七頁。

53──川島、前掲書、一九六頁。

54──『臨時法制審議会総会議事速記録　諮問第一号』、二三九頁。

55──同上書、二三五頁。

56――同上書、二三七頁。
57――同上書、二四五頁。
58――同上書、二三二―二三三頁。
59――同上書、二二八―二二九頁。
60――同上書、二五七頁。
61――『芦部信喜、高見勝利 編著『日本立法資料全集1　昭和二二年　皇室典範』（以下、『立法資料　1』）信山社出版、一九九〇年、七五頁。
62――同上書、四七九頁。
63――同上。
64――同上、四八〇頁。
65――「衆議院皇室典範委員会議録（速記）第五回」、三六二頁。
66――同上書、三六二―三六三頁。
67――『帝国憲法改正審議録（四）　国体及天皇編　下』憲法調査会事務局、一九五九年、六二九頁。
68――同上書、六三〇頁。
69――芦部信喜・高見勝利編『近代日本立法資料』、二八九頁。
70――文部省編『国体の本義』文部省、四六―四七頁。
71――穂積八束「『家』ノ法理的観念」『法学新報』第八五号、一八九八年四月、五頁。
72――竹田聴洲『日本人の家と宗教　竹田聴洲著作集』国書刊行会、一九九六年、二一八頁。
73――『日本思想大系　53　水戸学』岩波書店、一九七三年、五〇頁。
74――同上書、五二頁。
75――井上哲次郎『勅語衍義《えんぎ》　上』井上蘇吉、一八九一年、八―九頁。
76――穂積八束「『家』の法理的観念」、六頁。
77――『国体の本義』、九頁。
78――同上書、四四頁。
79――新見吉治『家と戸籍』日本法理研究会、一九四二年、七五頁。

80――一八九一年一月二九日第一回帝国議会貴族院戸籍法議案第一読会における三浦安議員の発言。『大日本帝国議会誌　第1巻』大日本帝国議会誌刊行会、一九二六年、一八四頁。
81――『第九〇回帝国議會　貴族院議事速記録第二三号』、
82――川島、前掲書、三三二頁。
83――鶴見俊輔「一つの日本映画論――『振袖狂女』について」『映画評論』一九五二年一一月号、『鶴見俊輔集第6巻　限界芸術論』所収、二八五頁。
84――山本七平『日本人とは何か　上巻』、一九九二年、一〇七頁。
85――川島、前掲書、三四二頁。
86――同上書、三四九頁。
87――小西甚一『「道」――中世の理念』講談社現代新書、一九七五年、一三頁。
88――『国体の本義』、一二四頁。
89――村上重良『天皇の祭祀』岩波新書、一九七七年、九一頁。
90――同上書、一頁。
91――中山太郎『国体と民俗』東洋堂、一九四二年、一二頁。
92――本居宣長「国号考」大野晋、大久保正 編集校訂『本居宣長全集　第8巻』筑摩書房、一九七二年、四五一頁。
93――山崎又次郎『新体制の基礎帝国憲法論』清水書店、一九四三年、三一頁。
94――荻生徂徠著、辻達也校訂『政談』岩波書店、一九八七、四一頁。
95――同上書、四五頁。
96――植木、前掲書、一〇八頁。
97――帝国学士院編『帝室制度史　第4巻』帝国学士院、一九四〇年、一一九―一二〇頁。
98――藤田覚『江戸時代の天皇』講談社、二〇一一年、一二二―一二三頁。
99――村上、前掲書、一一四頁。
100――原武史『昭和天皇』岩波新書、二〇〇八年、一三六頁。
101――葦津珍彦『天皇』神社新報社、一九八九年、三四頁。

終章　天皇と戸籍のゆくえ——支え合う二つの制度

民主主義と相容れない制度？

あらゆる法は、国家権力の意思を顕現する性格をもち、個人の活動がそれと抵触する場合は、往々にしてその個人を法制度にすみやかに順応するよう強いるものである。「家族」の在り方を規定し、多様な現実生活を営む個人をそこに押し込める戸籍法は、こうした国家意思の強圧的かつ守旧的な側面を体現する立法の典型である。

天皇家の家族関係に関する法制度は、戸籍法に基づく一般国民の家族法とは一線を画すべきものとされてきたが、それは「万世一系」の皇統の維持という国家的要請があるからこそである。もっとも、国家的要請といっても、それがどれほど国益にかなう合理性があるのかは不明である。ただ明らかなのは、今後も天皇制が続く限り、「万世一系」の皇統を断絶させてはならないという、その合理性もあやふやな責務を負わされる天皇家の人々は、「どうにも七面倒臭い法律にまきつかれて生きている」（三笠宮寛仁[1]）状況から逃れられない運命にある、ということである。

民法学者の我妻栄は、「夫婦・親子の結合は、人類の最も自然な、そしてまた最も基本的なものであって、この結合のなかで個人の尊厳が確保され、男女の本質的平等が実現されなければ、自由と平等を理想とする民主主義的社会はでき上らない[2]」と述べていた。

我妻のいうような、家族形成の営みにおける個人の自由と平等の尊重という〝自然法〟は、天皇家には及ばないとされるのが、日本の〝自然法〟なのである。現行皇室典範において、戦後の法秩序としては放棄されるべきであった家父長制的要素が多分に残されている点も、天皇家の〝家憲〟として容認されている。

今さら述べるまでもないが、出自に基づく差別や不平等は、民主主義国家においては否定されるべきものである。日本国憲法の第一四条でも、社会的出自や門地による差別は禁じられており、これが天皇制廃止論の大きな拠り所となっている。

だが、君主制というものは、王室という特定集団をめぐる差別や不平等を当然であるとして肯定し、民主主義の原則に抵触してはいないと認識されている社会においてこそ、存立しうる。そもそも、天皇家の人々は自分たち庶民と〝同じ人間〟ではなく、高貴で崇高な存在であるという意識が日本社会に深々と根を下ろしているから、同じ地平に立つ平等な相手であれば惹起され得る差別や不平等といった感情も引き起こされないのである。のみならず、天皇という「公平無私」の君主が存在するおかげで、国家の平和と安寧が保たれているという了解さえ見え隠れする。

序章で述べたように、今日における天皇家と一般国民の関係は、戦前までのような「君臣」関係ではなくなったというのが、現代日本社会の建前である。だが、天皇家と一般国民との間の絶対的上下関係は明瞭である。その関係を、制度的かつ精神的に維持してきたのが、戸籍制度である。つまり戸籍は、天皇家を絶対的にその対象外とすることで、彼らの〝超庶民性〟を世にアナウンスする機能を果たしてきた。

現在でも皇族女子は一般国民と婚姻すれば、夫の戸籍に入籍するのが定めである。それによって皇族の特権を失い、敬称および上級敬語の対象ではなくなるのであるから、皇籍から戸籍への「籍」の移動が、皇族から一般国民へという身分の「降下」を意味することには古今変わりがない。明治憲法時代はこれを「降嫁」「臣籍降下」と呼びならわし、現行憲法施行後は「皇籍離脱」という中途半端な公式用語に言い換えている。だが、戦後生まれの三笠宮寛仁は、「今でも女は結婚とともに私の姉のように臣籍降下をして、ただの人になる」[3]と、何のてらいもなく述べている。生まれながらの皇族からすれば、それが自然にして率直な感覚なのであろう。

天皇家を取り囲む国民の側では、「君臣」という身分差別の是非については目をつむり、口をつぐみ、あえてそれに異を唱えないということが、天皇制と向き合う時の〝自然〟な作法となっているかのようである。制度への違和感や抵抗を表に出さずに大勢に同調することが、「国民」という共同意識の中で安住しうる最善の方法であるという心理は、日本人の戸籍に対する態度と軌を一にしている。そこに、日本社会に根づいてきた共同的な欺瞞が見て取れるのである。

観念的な「日本国民」?——戸籍のいらない人々

本書では、天皇家に戸籍がないという事実を論じてきたが、では、そもそも戸籍がないことによってどれほどの不利益が現実に生じるのか、という問題は見過ごされがちである。

現代日本において、政府や自治体によって保障される権利やサービスは、「国民」としてよりも「住民」として保障されているものがほとんどである。

それらを見ると、日本国籍の保有が要件とされるのは、旅券の発給、参政権、国家公務員への就任くらいであり、就学、社会保障の受給（生活保護は国籍条項があるものの、自治体の運用によっては外国人も支給対象とされる）などは、個人の居住地との関係に基づいて保障される仕組みとなっている。「国民」固有の権利とされる選挙権にしても、その行使にあたって不可欠となるのは住民票である。例えば、日本国民であっても、現住所に何年住んでいようと当該市区町村に住民票を置かない限り、居住地区でのあらゆる選挙に一票を投じることはできない。つまるところ、「国民」の証明としての戸籍が必要となる機会は、日常において非常に稀である。[4]

諸外国における外国人参政権の状況をみても、一定期間の定住を要件として地方選挙権を認める国が増えている。すなわち、国籍の帰属よりも現実の生活拠点を基準にして、「定住者」として市民権を保障し、あるいは身分を管理するのが現代国家の趨勢となっているのである。
日本でも、二〇一二年七月に外国人登録法が廃止され、中長期在留者（九〇日以上在留）や特別永住者などの外国人にも住民票が交付されることとなった。

さらに、日本政府が二〇一五年から実施しているのが、すべての住民を個人単位で管理するマイナンバー（個人番号）制度である。その目的は、徴税の効率化や社会保障受給の適正化をはかるところにある。このマイナンバーは、住民票コードを変換して付けられる番号であり、それは国籍を問わず、住民基本台帳に記載されているすべての人に通知される。したがって、住民基本台帳に記載されない天皇家は、マイナンバーについても対象外である。

天皇および皇族は、戸籍法の適用がない点では外国人と同じであるが、住民登録も対象外であるから、理論上でいえば、彼らは外国人に保障される権利さえも否定されていることになる。では、天皇家の人々は「国民」として無権利状態に置かれているのかといえば、そうではない。

例えば、天皇および皇族も〝人間〟である以上、健康を害すれば医者の診療を受ける。一般国民が加入する医療保険には、市区町村が運営する地域保健（国民健康保険）や、会社員、公務員、船員などの被用者が加入する職域保険がある。これらの医療保険は現在、国籍を問わず加入できることとなっている。だが、天皇家については、それらの適用は一切ない。ならば、彼らの医療費はどうなるかというと、国費から支出されるのである。[5]

つまり、天皇家については、一般国民や外国人が有する諸々の権利や自由が停止ないし制約されるものの、それを補って余りあるだけの物質的な保障が完備されている。天皇および皇族が自らの人権と引き換えに手にする、そうした特権や優遇措置が果たしてどれほどの〝幸福〟を彼らにもたらすのかはともかく、少なくとも、滞りなく日常生活を送る上で、戸籍はもちろん、住民票すら必要ないのである。そこに、彼らの人権がどこまで保障されるべきかという問題が、一般に切実なものとして受け止められ難い理由がある。

天皇および皇族は、そもそも国籍や出自を問わない一個人としての「自然人」であるとする解釈もある。[6]そうであるならば、一般国民と同じく自然権としての自由や平等などの人権が、可能な限り保障されるのが当然である。だが、「血」や「籍」という価値観が長きにわたって浸透してきた日本では「自然人」という概念はきわめて馴染みが薄く、個人は「国民」あるいは「日本人」という、血統に基づく属性に回収されがちである。このような社会的風土を「美風」として浸透させてきた大きな要因が、「血統」と「世襲」を至上価値とする天皇制にある以上、天皇および皇族を「自然人」としてとらえることには大きな矛盾がつきまとう。

現行憲法の下でも、参政権や公務員就任権のような「国民」固有の権利が否定されていることをもって、天皇および皇族は憲法で規定される「日本国民」には含まれないとする見解も少なくない。だが、思考実験としてならともかく、日本国および日本国民の統合の象徴とされ、憲法が定める国事行為を担当するのみならず、国の祭り主として大々的な祭祀を執り行っている君主を、「外国籍」もしくは「無国籍」であると想定する者はそういないであろう。

むしろ天皇家の人々は、「一般国民」としての権利をもたない「非一般国民」であり、いわば観念的な「日本国民」として理解するのが妥当であろう。といって、近年、メディアで取り上げられるようになった無戸籍の「日本国民」とは決定的に異なる。その所以《ゆえん》は、無戸籍者が事実上の「日本国民」として、その身分証明たる戸籍の創設を国家に求めるのに対して、天皇家の人々は戸籍をもつことが決して許されない、永続的に観念的な「日本国民」としてこの国に存在している点にある。

「系譜」からみえてくるもの――「日本人」はみな天皇家の子孫？

戸籍が把握した「家族」は、多様化の一途をたどる一般国民の生活実態から乖離して久しく、国民管理装置としての実効性はとうに失われていることは、拙著『戸籍と無戸籍』第四・六章で指摘した通りである。

そのような戸籍が日本において長きにわたって維持されてきた事実は、天皇制の存続と表裏の関係にあるといえる。両者の歴史的変遷をふり返ってみるならば、〝近代国家〟の建設という旗印の下に、天皇制と戸籍制度が近代法制によって整備されたのは明治維新においてである。

そもそも戸籍とは、国家が徴兵・徴税を確実に行い、定住化を促し、浮浪者を取り締まるという、主に行政・警察的な目的のために個人の身分を記録する制度であった。それが明治国家になって、「日本臣民」の統合という精神的な目的が加えられた。すべての人民をひとしく「臣民」として登録することにより、「戸籍は日本国籍の証明」という観念を生みだすと同時に、「一君万民」という形で「臣民」の平準化がはかられたのである。つまり、そこには天皇という絶対的存在が介在していなければならなかった。

ただし、戸籍を有することは、国民の「権利」であっても、「義務」ではない。そのような「義務」は、戸籍法で明文化されてもいなければ、法務省などによる通達や訓令で提示されたこともない。にもかかわらず、戸籍に記載されることが〝正しい日本人〟の在り方であると理解されてきた。そのことは、天皇という君主との対比において、ひときわ明確なものとなった。戸籍は、「天皇の赤子」の証しとして、「日本人」にとって法的な「義務」としてよりも道徳的な「義務」として存在し続けてきたのである。

戸籍への帰属を国民の道徳的義務として教化するために、政府は〝家の系譜〟としての機能を戸籍に付与した。国民を管理する装置としては実効性に乏しかった戸籍であるが、国民が敬うべき皇統の連続性にあやかった祖孫一体の系譜として延命してきた一因が、ここに存するといえるのではないか。

戸籍によって醸成され、あるいは強化されるのが、祖先を崇拝する精神、戸主（家長）への服従意識であるが、それらはそのまま、天皇制を価値あるものとする精神的な基盤となってきた。日本で（世界で？）最も古い家系を誇る天皇家は、一度として途絶えたことのないその血筋が神聖的権威の源泉となっている。権力や出世を手にする上で血筋が圧倒的な資源となる武家や公家の世界において、家長が承継する系譜は不可欠のものとなる。血統を尊ぶこのような気風、換言すれば貴種崇拝の規範として、「万世一系」の皇統があったといえよう。

だが、血筋というものは、古ければ古いほど、後世になって枝分かれしていく結果、その枝先がどこに行き着くかは祖先の知り及ぶところではない。

この点について、系図や氏姓の研究で知られる太田亮が次のように述べているのは示唆に富む。

「我が国民は、其の発展の過程中において、今日知りうる以上、恐らくもっと幾多の異種族の血を混じたかも知れない」のであり、それゆえ「皇室を御本家と仰ぎ奉る事が出来るのである」[7]。
誰でも自らの家系を地道にさかのぼっていけば、やがて天皇家にたどりつくというわけである。それは、唯一無二の「皇統」なるものが、長期かつ広範囲にわたって天皇家が「異姓」との血の混交を重ねてきた結果であることを意味している。

このように考えてみれば、「皇統」なるものは、その根拠とされる「純血」の伝統が擬制にあふれた神話であることを了解した上で信奉される観念であるといわなくてはならない。むしろ、そうした擬制を〝真実〟であるとして懸命に粉飾してきた政治権力の企図を、天皇家の歴史として理解することが肝要なのである。

戸籍制度が続けば天皇制も続く——「血」と「家族」をめぐる機会主義

「血」にとらわれることなく、国民の多様な生き方を尊重する社会を構築していくことは、和洋を問わず成熟した民主主義国家にとって、今日の重要な目標となっている。

だが、日本という国家の血統へのこだわりには根強いものがある。

一八九九年の国籍法は、「日本国民」であることを画定する原則として父系血統主義を採り、憲法上、男女平等が規定された戦後になっても、この体制が長く続いた。だが、一九七九年に「婦人に対する差別撤廃に関する条約」が国際連合で採択されると、〝先進国〟たる日本も翌年これに加入（一九八五年に批准）し、一九八四年には国籍法が改正され（一九八五年施行）、ようやく父母両系血統主義という国際基準が採られた。かくして「日本国民」を確定する条件は、男女両方の血統を尊重するものへと修正されたのにもかかわらず、「日本国民統合の象徴」たる天皇については、男系男子のみにより継承されるという原則を頑なに貫いている。

男系男子を家長とする天皇家が、国民にとっての〝あるべき家族〟という倫理的規範として美化される時、それは戸籍制度が否定する夫婦別姓、同性婚といった多様な「家族」をいっそう周縁化する効果を生む。また、異なる「血（姓）」の排除という原理は、レイシズムのような排外主義との親和性をもつ。

いうまでもないことであるが、男系男子主義を貫徹しようとすれば、「万世一系」の皇統は絶滅の危機に瀕する。一夫多妻制、養子制度、元皇族の皇籍復帰といった仕組みは、いずれも皇統の維持という至上目的から、天皇家の家族法として合理化されてきた。それらがことごとく廃された現行法の下、天皇家における男系男子誕生の頼みの綱となるのは、年齢的にみて秋篠宮悠仁《ひさひと》親王であり、彼と将来の后妃に負わされる精神的重圧ははかり知れない。

明仁天皇の生前退位を定める特別法として二〇一七年六月に制定された「天皇の退位等に関する皇室典範特例法」（二〇一七年法律第六三号）は、その付帯決議において「安定的な皇位継承を確保するための諸課題」として「女性宮家の創設等」の速やかな検討を政府に求めている。女性宮家とは、皇族女子を当主とする宮家であり、未婚の皇族女子（二〇一九年一〇月現在四人）を婚姻した後も皇籍に留めておき、皇族としての公務を引き続き担わせることで天皇の負担を軽減するという目的で、その創設が求められたのである。だが、男系男子主義の「伝統」を尊重する人々からは反対論が多い。その論拠は、女性皇族の婿となるのは非皇族（つまり「異姓」）であるから、二人の間に生まれた子は女系皇族となり、その子に皇位継承を認めるようなことがあれば「万世一系」の崩壊を招く、という点にある。

では代替案はといえば、七〇年以上前に臣籍降下した旧皇族の男系男子を皇籍に復帰させ、これを皇族女子の婿あるいは宮家の養子に迎えるというものである。だが、旧皇室典範制定時に展開された女帝反対論において、元皇族であれ「臣籍」であることは変わらず、これを皇婿として迎えるのは「易姓革命」を招くという井上毅の批判があったことは、第三章第四節でみた通りである。しかるに、今日の女帝反対論者には、井上のような〝純血主義〟を唱える余裕はないようである。しかも、臣籍降下して久しい旧宮家の子孫は、もともと天皇との血縁がかなり遠いため、これらの人々を〝復籍〟させることは「皇統」を維持する方法として適当なのかという疑問の声も上がっている。

くり返すまでもないが、「皇統」なるものは、それがまぎれもない「純血」なものであるという擬制の合意による産物である。いかに「血統」というものが権力によって操作され粉飾され得るものかを明瞭に理解させてくれるのが、天皇制の歴史なのである。したがって、天皇家の血統に科学的な合理性を求めることはむしろ非合理的であり、男系男子主義者が納得する〝合理性〟が確保できていればよいのである。

戸籍にしても、擬制が混じる「血統」をもって、人種や民族にかかわりなく、記録上の「日本人」をつくり出す装置として機能してきた歴史がある。[8] 天皇制も戸籍制度も廃止されることなく現代まで生きながらえてきたのは、「血」を特別視する一方で、「血」の異なる人間をも便宜的に利用するという機会主義がその根底にあったからである。にもかかわらず、現行制度の下で天皇家はそうした機会主義を封じられ、男系男子主義という必ずしも〝古例〟とはいえない原則への従属を強いられている。こうした構図は、ある種の悲劇といえよう。

天皇制と戸籍制度は、一般国民の日常生活にとって切迫した必要性をもたないがゆえに、いきおい両者に対する国民の関心は希薄なものとならざるを得ない。だが、祖先との血縁を通して家との、ひいては国家との紐帯を想起し、そこに「日本人」としての共同意識の拠り所を見出す人々にとっては、いずれも信仰的な価値をもつにちがいない。そこに付随するのは、「血」や「家」といった擬制的な観念に依拠した同質性志向である。

すなわち、戸籍と天皇制は、「日本人」という共同意識において、互いに支え合うことで初めて存続しうる制度である。そして、まさしく両者は「日本」を映す鏡であるといえる。二つの制度が存続する限り、両者をめぐる歴史と現実を見据える人々から同じ疑問を投げかけられ続ける運命を免れ得ないであろう。一体、「血」の絆とは何なのか、と。

1――三笠宮寛仁『皇族のひとりごと』二見書房、一九七七年、五七頁。

2――我妻栄「家と氏と戸籍」、二五一頁。
3――三笠宮寛仁、前掲書、五七頁。
4――遠藤正敬『戸籍と無戸籍――「日本人」の輪郭』人文書院、二〇一七年、第一〇章。
5――一九八九年第一一四回国会参議院内閣委員会での宮尾盤政府委員（宮内庁次長）による説明。『第一一四国会参議院内閣委員会会議録第四号』、二五七頁。
6――園部逸夫『皇室法概論』第一法規出版、二〇〇二年、五六頁。
7――太田亮『姓氏と家系』創元社、一九四一年、三七頁。
8――遠藤、前掲書のほか、『戸籍と国籍の近現代史』明石書店、二〇一三年、『近代日本の植民地統治における国籍と戸籍――満洲、朝鮮、台湾』明石書店、二〇一〇年など。

遠藤正敬　えんどう・まさたか
一九七二年生まれ。早稲田大学大学院政治学研究科博士課程修了。博士（政治学）。専門は政治学、日本政治史。現在、早稲田大学台湾研究所非常勤次席研究員。宇都宮大学、埼玉県立大学、東邦大学等で非常勤講師。著書に、第三九回サントリー学芸賞を受賞した『戸籍と無戸籍――「日本人」の輪郭』（人文書院、二〇一七年）のほか、『近代日本の植民地統治における国籍と戸籍――満洲・朝鮮・台湾』（明石書店、二〇一〇年）、『戸籍と国籍の近現代史――民族・血統・日本人』（明石書店、二〇一三年）などがある。

筑摩選書 0181

天皇《てんのう》と戸籍《こせき》　「日本《にほん》」を映《うつ》す鏡《かがみ》

二〇一九年一一月一五日　初版第一刷発行

著　者　遠藤正敬《えんどうまさたか》

発行者　喜入冬子

発　行　株式会社筑摩書房
東京都台東区蔵前二-五-三　郵便番号　一一一-八七五五
電話番号　〇三-五六八七-二六〇一（代表）

装幀者　神田昇和

印刷 製本　中央精版印刷株式会社

ISBN978-4-480-01691-1 C0321

筑摩選書
0160

教養主義のリハビリテーション

大澤 聡

知の下方修正と歴史感覚の希薄化が進む今、教養のバージョンアップには何が必要か。気鋭の批評家が鷲田清一、竹内洋、吉見俊哉の諸氏と、来るべき教養を探る！

筑摩選書
0161

終わらない「失われた20年」
嗤う日本の「ナショナリズム」・その後

北田暁大

ネトウヨ的世界観・政治が猛威をふるう現代日本。アイロニーに嵌り込む左派知識人。隘路を突破するには何が必要か？　リベラル再起動のための視角を提示する！

筑摩選書
0165

教養派知識人の運命
阿部次郎とその時代

竹内 洋

大正教養派を代表する阿部次郎。『三太郎の日記』で栄光を手にした後、波乱が彼を襲う。同時代の知識人との関係や教育制度からその生涯に迫った社会史的評伝。

筑摩選書
0167

「もしもあの時」の社会学
歴史にｉｆがあったなら

赤上裕幸

過去の人々の、実現しなかった願望、頓挫した計画など「ありえたかもしれない未来」の把握を可能にし、「未来」への視角を開く「歴史のｉｆ」。その可能性を説く！

筑摩選書
0170

美と破壊の女優　京マチ子

北村匡平

日本映画の黄金期に国民的な人気を集めた京マチ子。強烈な肉体で旧弊な道徳を破壊したかと思えば古典的で淑やかな女性を演じてみせた。魅力の全てを語り尽くす！